Kunde.König.Glücklich

Warum guter Service der Schlüssel zur Kundenbindung ist

AF209852

Der Autor

VORELLE (alias Volkmar Relle) ist das lebende Beispiel dafür, dass sich jahrzehntelanges Überleben im Dienstleistungssektor nicht nur auf den Blutdruck, sondern auch auf die geistige Beweglichkeit auswirkt. Mit über 30 Jahren Führungserfahrung weiß er heute mehr über Kunden, Mitarbeiter und deren Sonderwünsche als der Wetterbericht über das Aprilwetter.

Sein Denken?
Eine eigenwillige Mischung aus Dienstleistungs-DNA und ironischer Grundvergiftung.
Er sieht Service nicht durch die rosarote Brille, sondern eher durch ein gut geputztes Vergrößerungsglas – und das mit einer Neigung, jede Absurdität genüsslich auf die Spitze zu treiben.

Nach einem erfüllten Berufsleben voller Exceltabellen, Feedbackbögen und Mitarbeitergesprächen, bei denen sich beide Seiten heimlich nach Fluchtmöglichkeiten umsahen, hat er heute seine wahre Bestimmung gefunden: Als **Masseur und Saunameister** bringt er Menschen zum Schwitzen – diesmal nicht durch Stress, sondern durch wohltemperierte Hitze.

Sein Projekt **„Schwitz mit Fritz"** ist der beste Beweis, dass man auch im Rentenalter noch Dampf machen kann – wortwörtlich.

Wer also meint, Service sei einfach nur „ein Lächeln schenken", sollte ihn beim nächsten Aufguss erleben: Sein Lächeln kommt erst nach der dritten Schwitzrunde.
Oder nach dem dritten Bier.
Je nachdem, was zuerst da ist.

Dieses Buch entstand aus einem reichen Erfahrungsschatz, einer Prise Weisheit – und einer ordentlichen Portion ironischer Weltbetrachtung, die selbst aus der höflichsten Reklamation noch eine kleine Tragikomödie machen kann.

Mehr Informationen und Kontakt zum Autor:

www.pepironie.de

www.schwitz-mit-fritz.de

Impressum:

Titel: Kunde.König.Glücklich
Autor: VORELLE
Cover-Design und Logo: VORELLE
Erstveröffentlichung: 2025
Verlag: BoD · Books on Demand GmbH,
Überseering 33, 22297 Hamburg, bod@bod.de
Druck: Libri Plureos GmbH, Friedensallee 273,
22763 Hamburg
ISBN: 978-3-8192-9705-2

Haftungsausschluss:
Alle Geschichten, Charaktere und Situationen in
diesem Buch sind frei erfunden –
oder vielleicht auch nicht.
Ähnlichkeiten mit realen Personen, Ämtern oder
Vorgängen sind rein zufällig und nicht beabsichtigt.

Vorwort – Die Entwicklung von Service

„Wir lieben Lebensmittel", „Dafür stehe ich mit meinem Namen" oder „Das Beste oder nichts" – diese Slogans klingen nicht nur gut, sie wecken Emotionen und prägen unser Bild von Servicequalität. Doch was steckt eigentlich hinter solchen Versprechen, und warum ist Service in unserer heutigen Welt so entscheidend?

Service ist mehr als nur das Lächeln eines Verkäufers oder der reibungslose Ablauf einer Bestellung. Er ist das unsichtbare Band, das Kunden und Unternehmen verbindet. Gerade in Zeiten, in denen Preisvergleiche nur einen Klick entfernt sind, wird Service zum entscheidenden Abgrenzungsmerkmal. Kunden kaufen nicht nur Produkte – sie kaufen Erlebnisse, Vertrauen und Wertschätzung.

Die Corona-Pandemie hat diese Dynamik verstärkt. Die Hemmschwelle für Beschwerden ist gesunken, und Kunden sind kritischer denn je. Gleichzeitig erwarten sie mehr: schnellere Reaktionen, individuelle Lösungen und vor allem echte Menschlichkeit. Unternehmen, die diesen Erwartungen nicht gerecht werden, riskieren, in einer transparenten Preisvergleichskultur unterzugehen.

Guter Service ist jedoch kein Selbstläufer. Er erfordert Engagement, Empathie und den Mut, immer wieder neue Wege zu gehen. Dieses Buch soll Ihnen zeigen, wie Sie Service nicht nur als Aufgabe, sondern als Strategie begreifen können – eine Strategie, die nicht nur Ihre Kunden begeistert, sondern auch Ihr Team motiviert und Ihr Unternehmen langfristig erfolgreich macht.

Dieses Buch verfolgt zwei zentrale Ziele:

1. **Der humorvolle Teil**: Mit einer guten Portion Ironie und einem Augenzwinkern möchte ich Ihnen zeigen, wie absurd und unterhaltsam die Welt des Service manchmal sein kann. Ein Perspektivwechsel, der Sie nicht nur zum Schmunzeln bringt, sondern auch wichtige Denkanstöße liefert.
2. **Der fachliche Teil**: Gleichzeitig möchte ich Ihnen praxistaugliche Ansätze, inspirierende Ideen und bewährte Methoden an die Hand geben, mit denen Sie die Servicequalität in Ihrem Unternehmen auf ein neues Level heben können.

Lassen Sie uns gemeinsam eintauchen in die Welt des Services. Entdecken Sie, wie Sie Kunden mit kleinen Gesten begeistern, wie Technologie den Service verbessern kann und warum Service als gelebte Unternehmenskultur der Schlüssel zur Zukunft ist. Und denken Sie immer daran: Exzellenter Service ist keine Kür – er ist Pflicht.

Inhalt

Fachlicher Teil

Der humorvolle Teil

Kapitel 1: Service als Erfolgsfaktor

Warum guter Service mehr als ein Lächeln ist

So sollte es nicht sein:

Ich erinnere mich noch gut an diesen einen Nachmittag, als ich dachte: „Heute gönne ich mir was." Meine Schuhe – treue Begleiter durch Regen, Schnee und eine Hochzeit, auf der ich besser nicht hätte tanzen sollen – waren endgültig hinüber. Also beschloss ich, sie in einem alteingesessenen Schuhgeschäft zu ersetzen. Der Laden hatte einen guten Ruf, was mich optimistisch stimmte. Schließlich, dachte ich, kann man bei einem Geschäft, das seit 50 Jahren existiert, nichts falsch machen.

Kaum hatte ich den Laden betreten, wehte mir ein Geruch von Leder, Schuhcreme und – wie soll ich es höflich sagen – Stillstand entgegen. In der Mitte des Raumes thronte ein Verkäufer, der aussah, als wäre er bereits 50 Jahre Teil des Inventars. Sein Gesichtsausdruck war eine Mischung aus Desinteresse und einem Hauch von „Lassen Sie mich in Ruhe, ich habe gerade Pause."

„Guten Tag", begann ich vorsichtig. Keine Antwort. Er musterte mich, als hätte ich gerade einen Kugelschreiber aus der Vitrine eines Juweliers verlangt. „Ich suche Schuhe", erklärte ich, falls meine bloße Anwesenheit nicht schon Hinweis genug war.

„Aha", sagte er schließlich und zeigte mit einem Finger, der schon bessere Zeiten gesehen hatte, auf ein Regal. „Da hinten."

Ich schlenderte zu besagtem Regal und inspizierte die Auswahl, während der Verkäufer offenbar tief in Gedanken versunken war – vermutlich über die Frage, warum Kunden überhaupt Schuhe brauchen. Schließlich griff ich zu einem Paar, das nicht nur bequem aussah, sondern auch meine Füße optisch um eine Schuhgröße schrumpfen ließ.

„Die hier gefallen mir", rief ich in seine Richtung. Er antwortete mit einem Laut, der irgendwo zwischen Husten und Zustimmung lag, erhob sich schwerfällig und brachte mir das Paar in meiner Größe. Als ich die Schuhe anprobierte, fühlte es sich an, als hätte ich zwei Wolken an den Füßen – bis ich aufstand und der linke Schuh ein Geräusch machte, das an eine Ente im Stimmbruch erinnerte.

„Die quietschen", bemerkte ich.

„Das gibt sich", antwortete er trocken.

„Wirklich?" fragte ich skeptisch.

„Na ja", räumte er ein, „vielleicht auch nicht."

Ich schaute ihn ungläubig an. Kein Angebot, ein anderes Paar zu bringen. Kein Versuch, das Problem zu lösen. Ich hätte genauso gut ein sprechendes Kissen reklamieren können – die Reaktion wäre identisch gewesen. Frustriert verließ ich den Laden ohne Schuhe, aber mit der festen Überzeugung, dort nie wieder einen Fuß hineinzusetzen.

So sollte es sein:

Ein paar Tage später fand ich mich in einem kleinen Geschäft wieder, das laut Schild „Schuhparadies" hieß. Es war ein Familienbetrieb, und ich wurde sofort von einer Dame begrüßt, die mir das Gefühl gab, ich sei nicht nur ein Kunde, sondern ein lang vermisster Verwandter.

„Willkommen! Wie kann ich Ihnen helfen?" fragte sie mit einem Lächeln, das so warm war, dass es den härtesten Winter vertreiben konnte.

Ich erklärte meine Suche nach neuen Schuhen, und sie führte mich durch das Sortiment, stellte Fragen nach meinen Vorlieben, meinem Stil und sogar meinen Laufgewohnheiten. Innerhalb von zehn Minuten hatte sie nicht nur das perfekte Paar gefunden, sondern mir auch das Gefühl gegeben, die wichtigste Person in ihrem Geschäft zu sein.

„Das ist es, was Service ausmacht", dachte ich, als ich den Laden verließ – diesmal mit einem neuen Paar Schuhe und einem zufriedenen Lächeln. Es geht nicht nur um das Produkt, sondern um das Erlebnis, die Wertschätzung, die einem entgegengebracht wird.

Manchmal macht nicht der Schuh den Unterschied, sondern der, der ihn verkauft. Und in einer Welt, in der alles austauschbar scheint, ist guter Service der einzige echte Erfolgsfaktor.

Kapitel 2: Die Grundlagen

Was ist exzellenter Service?

So sollte es nicht sein:

Es gibt Tage, an denen du denkst, die Welt sei ein schöner Ort. Und dann gibt es Tage, an denen du eine Glühbirne kaufen willst. Ich spreche hier nicht von einer gewöhnlichen Glühbirne, sondern von einer dieser neuen, energiesparenden Hightech-Lampen, die mehr Funktionen haben als mein Smartphone.

„Das ist ein einfacher Kauf", dachte ich, als ich den Laden betrat. Wie naiv von mir. Der Verkäufer, ein junger Mann mit der Körpersprache eines Faultiers im Winterschlaf, stand hinter dem Tresen und starrte auf sein Handy. Ich wartete höflich, in der Hoffnung, dass er irgendwann bemerken würde, dass ich existierte. Schließlich räusperte ich mich.

„Ja?" fragte er, ohne den Blick von seinem Handy zu heben.

„Ich suche eine Glühbirne", erklärte ich optimistisch.

„Dort drüben", murmelte er und deutete vage in eine Richtung, die sowohl zum Lampenregal als auch zur Toilette hätte führen können.

Ich begab mich ins Lampen-Dschungelcamp und fand mich vor einem Regal wieder, das aussah, als hätte ein Elektriker einen Nervenzusammenbruch gehabt. Es gab Glühbirnen mit warmem Licht, kaltem Licht, dimmbar, nicht dimmbar, mit Bluetooth, ohne Bluetooth – es fehlte nur noch eine Version, die Kaffee kocht.

Nach einer Viertelstunde verzweifelter Suche kehrte ich zum Tresen zurück. Der Verkäufer war immer noch mit seinem Handy beschäftigt. Ich entschied mich für einen mutigen Schritt und sprach ihn erneut an.

„Entschuldigung, können Sie mir vielleicht helfen? Ich suche eine energiesparende Glühbirne für die Wohnzimmerlampe."

Er seufzte, als hätte ich ihn gebeten, die Relativitätstheorie zu erklären. „Welche Fassung?" fragte er knapp.

„Ehrlich gesagt, keine Ahnung", gab ich zu.

Er rollte mit den Augen. „Das müssen Sie wissen."

„Können Sie mir vielleicht sagen, wie ich das herausfinde?" fragte ich vorsichtig.

„Das steht auf der alten Glühbirne", antwortete er und widmete sich wieder seinem Handy.

Ich starrte ihn ungläubig an. „Aber die alte Glühbirne ist kaputt. Deshalb brauche ich ja eine neue."

„Tja", sagte er und zuckte mit den Schultern, als wäre das Problem damit gelöst.

In diesem Moment verstand ich, was exzellenter Service nicht ist. Es ist nicht das Zucken von Schultern, das Desinteresse oder das unerschütterliche Vertrauen darauf, dass der Kunde schon allein klarkommt. Es ist genau das Gegenteil von allem, was ich in diesem Laden erlebt habe.

Am Ende verließ ich den Laden ohne Glühbirne, aber mit einer neuen Erkenntnis: Schlechter Service ist wie eine defekte Lampe – er lässt die Stimmung erlöschen.

So sollte es sein:

Es gibt Momente im Leben, die sind so selten wie ein Parkplatz direkt vor der Tür oder ein ehrliches Kompliment von der Schwiegermutter. Einer dieser Momente ereignete sich in einem kleinen Café, das ich eher zufällig betrat, weil mein Magen ein Geräusch von sich gab, das entfernt an den Start eines Düsenjets erinnerte.

Kaum hatte ich die Schwelle überschritten, war ich von einer Wärme umgeben, die nicht nur vom frisch gebackenen Kuchen, sondern auch von der Bedienung ausging. Sie strahlte mich an, als sei ich der lange verschollene Bruder, der endlich von seiner Weltreise zurückgekehrt ist. „Schön, dass Sie da sind! Nehmen Sie doch Platz, ich bringe Ihnen gleich die Karte!" Ihre Freundlichkeit war so überwältigend, dass ich kurz darüber nachdachte, ob ich nicht in eine Reality-Show geraten war.

Ich setzte mich an einen kleinen Tisch am Fenster und war überrascht, dass die Tischplatte weder wackelte noch klebte – ein Detail, das man in der Gastronomie gern als Bonus versteht. Innerhalb von Sekunden stand die Karte vor mir, begleitet von einem Glas Wasser, „damit Sie sich in Ruhe entscheiden können". Mein Herz schmolz schneller als die Butter auf einem heißen Toast.

„Was können Sie empfehlen?" fragte ich und erwartete die übliche Antwort: „Alles ist gut."

Stattdessen begann sie eine Lobeshymne auf die hausgemachten Zimtschnecken zu singen, als wären sie der Höhepunkt der menschlichen Evolution. Sie beschrieb sie so lebendig, dass ich schon fast das Gefühl hatte, sie wären meine Kinder, die gerade eingeschult wurden.

Ich bestellte natürlich die Zimtschnecke und einen Cappuccino. Die Bedienung nickte zufrieden, als hätte ich gerade die richtige Antwort in einem Quiz gegeben. Wenige Minuten später kam mein Cappuccino – und zwar mit einem Schaumherz darauf, das so perfekt war, dass ich kurz darüber nachdachte, es zu fotografieren und auf Instagram hochzuladen.

„Ich habe Ihnen extra etwas Zimt darüber gestreut, das passt perfekt zum Gebäck", sagte sie mit einem Lächeln, das auch Eisberge hätte schmelzen können. Kurz darauf folgte die Zimtschnecke, die nicht nur fantastisch aussah, sondern auch noch warm war. Warm! In einem Café! Ich war versucht, einen Nobelpreis für Gastfreundschaft zu beantragen.

Doch das war noch nicht alles. Während ich kaute und mich fragte, ob ich jemals wieder etwas so Gutes erleben würde, kam die Bedienung zurück. „Schmeckt es Ihnen? Wenn nicht, bringe ich Ihnen gerne etwas anderes." Ich war kurz davor, aufzustehen und sie zu umarmen.

Das war es also: exzellenter Service. Nicht nur, dass ich mich als Gast willkommen fühlte – nein, ich fühlte mich wie der Mittelpunkt des Universums. Es ging nicht nur um Freundlichkeit, sondern um diese kleinen Gesten, die zeigen, dass hier jemand mit Herzblut dabei ist.

Ich verließ das Café mit einem breiten Grinsen, drei weiteren Zimtschnecken in der Tüte und dem Wissen, dass ich etwas erlebt hatte, das so selten ist wie ein Montagmorgen ohne Wecker: echten, exzellenten Service

Kapitel 3: Service beginnt im Inneren

Mitarbeiter als Schlüssel

So sollte es nicht sein:

Wenn Service ein Konzert wäre, dann wären die Mitarbeiter die Band. Und wie wir alle wissen, gibt es großartige Bands, die mit Leidenschaft spielen, und dann gibt es die schrecklichen Coverbands, die „Smoke on the Water" so verhunzen, dass selbst der Rauch verschämt abzieht.

Ich erinnere mich noch gut an eine Erfahrung in einem schicken Möbelhaus – das Paradies für jene, die glauben, dass eine Vase für 399 Euro das fehlende Puzzlestück in ihrem Leben ist. Ich hatte das noble Ziel, einen Stuhl zu kaufen. Nur einen Stuhl. Etwas, worauf man sitzen kann, ohne gleich eine Beziehung zu einem Physiotherapeuten einzugehen.

Kaum hatte ich das Geschäft betreten, wurde ich von einem Mitarbeiter begrüßt, dessen Gesichtsausdruck an einen Montagmorgen nach einer langen Sonntagsparty erinnerte. „Kann ich helfen?" fragte er, aber nicht so, wie man es erwartet, sondern eher so, als hätte er gehofft, ich würde sagen: „Nein, ich finde den Ausgang schon allein."

„Ja, ich suche einen bequemen Stuhl", antwortete ich fröhlich, bereit für eine kleine Expedition durch die Welt des Sitzens. Sein Blick wanderte über mich, als würde er bewerten, ob ich überhaupt würdig bin, auf einem ihrer Stühle zu sitzen.

„Die stehen da hinten", murmelte er und verschwand dann in einem Tempo, das selbst Schnecken beeindruckt hätte. Da hinten? Wieder diese geheimnisvolle Handbewegung, die so präzise war wie ein Hinweis auf einer Schatzkarte.

Ich fand schließlich die Stühle – ein Sammelsurium von Design, das irgendwo zwischen „moderne Kunst" und „unbenutzbares Folterinstrument" schwankte. Während ich einen Stuhl inspizierte, der aussah, als wäre er direkt aus einem UFO gefallen, tauchte der Mitarbeiter plötzlich wieder auf.

„Das ist ein Designerstück", sagte er mit einem Ton, der so viel Stolz transportierte, als hätte er es selbst geschnitzt. „Diesen Stuhl hat *Jean-Pierre Minimalist* entworfen."

„Ah, und ist er bequem?" fragte ich vorsichtig.

„Bequem?" Seine Augen weiteten sich, als hätte ich gerade gefragt, ob man Suppe mit einer Gabel essen kann. „Das ist Kunst! Da geht es nicht um Bequemlichkeit."

Es war der Moment, in dem ich erkannte, dass Service nicht nur eine freundliche Stimme ist, sondern eine Einstellung. Ein Mitarbeiter, der seinen Job liebt, hätte mir den Stuhl nicht nur verkauft, sondern mir das Gefühl gegeben, dass ich ein Meisterwerk erwerbe – etwas, das mein Leben für immer verändern wird. Stattdessen hatte ich das Gefühl, dass ich ein störender Faktor in seiner Pause war.

Service beginnt im Inneren, dachte ich, als ich das Möbelhaus verließ – ohne Stuhl, aber mit einer Erkenntnis: Die besten Mitarbeiter sind nicht nur da, um zu verkaufen. Sie sind Überzeugungstäter, die selbst glauben, dass ihr Produkt die Welt besser macht.

Vielleicht wäre es einfacher gewesen, wenn ich direkt zu IKEA gegangen wäre. Dort sind die Mitarbeiter zwar manchmal schwer zu finden, aber wenn du einen erwischst, zeigt er dir mit leuchtenden Augen, wie du deinen eigenen Stuhl in sieben Stunden zusammenschrauben kannst.

So sollte es sein:

Es war wieder mal einer dieser seltenen Tage, an denen ich voller Optimismus beschloss, in einem Einrichtungshaus nach einem neuen Schreibtischstuhl zu suchen. Meine Erwartungen waren überschaubar: Ich wollte einen Stuhl, der mich nicht nach einer Stunde Sitzen in die Haltung eines Fragezeichens zwingt.

Kaum hatte ich das Geschäft betreten, wurde ich von einem jungen Mann begrüßt, der so viel Elan ausstrahlte, dass ich mich kurz fragte, ob er aus einer Werbung für Energydrinks entlaufen war. „Guten Tag! Was kann ich für Sie tun?" fragte er mit einem Lächeln, das ehrlich wirkte – nicht dieses aufgesetzte Grinsen, das man manchmal bei Menschen sieht, die lieber woanders wären.

„Ich suche einen Schreibtischstuhl", erklärte ich, bereit für die übliche „Da hinten"-Handbewegung. Doch statt mich in die Weiten des Ladens zu schicken, sagte er: „Dann lassen Sie uns mal sehen, was Ihren Rücken glücklich macht."

Er führte mich zu den Stühlen, erklärte mir die Unterschiede zwischen ergonomisch und „ergonomisch", ließ mich Probesitzen und stellte gezielte Fragen: „Wie lange sitzen Sie täglich? Mögen Sie harte oder weiche Polster? Und wie steht's mit einer Lordosenstütze?"

„Ähm, was ist eine Lordosenstütze?" fragte ich vorsichtig, in der Hoffnung, nicht dumm dazustehen.

„Das ist der Held für Ihren unteren Rücken", antwortete er, als hätte er gerade den Geheimtipp des Jahrhunderts verraten.

Nach einer halben Stunde, in der ich mehr über Sitzhaltung gelernt hatte, als ich in meinem ganzen Leben über das Sitzen wusste, hatte ich nicht nur den perfekten Stuhl, sondern auch das Gefühl, einen Experten getroffen zu haben, der seinen Job mit Leidenschaft macht.

„Das war der beste Service, den ich je erlebt habe", sagte ich, während ich zur Kasse ging. „Woher kommt Ihre Begeisterung?"

„Ganz einfach", antwortete er. „Bei uns lernt jeder Mitarbeiter, dass ein glücklicher Kunde der größte Erfolg ist. Und ein gesunder Rücken hilft dabei."

Ich verließ das Geschäft nicht nur mit einem Stuhl, sondern mit der Überzeugung, dass guter Service tatsächlich im Inneren beginnt – nämlich bei Mitarbeitern, die ihren Job lieben.

Kapitel 4: Service und Nachhaltigkeit

Wie umweltfreundlicher Service Kunden und Planeten begeistert

---

So sollte es nicht sein:

Man sagt ja, Nachhaltigkeit sei der neue Trend. Und wie bei allen Trends versucht jedes Unternehmen, vorne mit dabei zu sein. Egal ob es passt oder nicht. So kam es, dass ich in einem Bio-Supermarkt landete, der mehr Nachhaltigkeit versprach, als Greta Thunberg auf einem guten Tag erträumen könnte.

Schon der Eingangsbereich war ein Erlebnis: Neben einem Schild, das „Plastikfrei seit 2018" verkündete, stand ein riesiger Plastikeimer, randvoll mit gratis Einweghandschuhen. Für das Gemüse, versteht sich. Ein stimmiges Bild, dachte ich, und betrat ehrfürchtig den Laden.

Drinnen war alles so grün, dass selbst der Amazonas blass vor Neid geworden wäre. Regale aus recyceltem Holz, Körbe aus fair gehandeltem Bambus, und zwischen den Bio-Avocados aus Peru und den Superfood-Samen aus Bolivien schwebte ein Hauch von selbstgerechtem Stolz in der Luft.

„Kann ich Ihnen helfen?" fragte eine junge Mitarbeiterin mit einem Lächeln, das vermutlich aus Soja bestand. „Ja, ich suche einen nachhaltigen Kaffee", sagte ich, was in diesem Laden so selbstverständlich war wie die Luft zum Atmen.

„Natürlich!", rief sie begeistert und führte mich zu einem Regal, das aussah, als wäre es direkt aus einem Öko-Märchenbuch entsprungen. „Das hier ist unser bester Kaffee, nachhaltig angebaut, fair gehandelt und mit einer biologisch abbaubaren Verpackung – und das Beste: er wird in der Region geröstet!"

„Region?" fragte ich neugierig.

„Ja, also... Italien", erklärte sie. Ihre Stimme war immer noch voller Begeisterung, als wäre Italien nur einen Katzensprung entfernt. Ich entschied mich dennoch für den Kaffee – aus Solidarität mit dem Planeten, versteht sich.

Beim Bezahlen kam der nächste Schock: „Möchten Sie eine Tüte? Die kostet 50 Cent, aber sie ist komplett kompostierbar!" Ich lehnte ab. Ich wollte ja nicht derjenige sein, der den Regenwald tötet. Stattdessen bekam ich einen Karton angeboten, der offenbar schon in drei Leben als Schuhschachtel gedient hatte. Nachhaltigkeit in Reinkultur.

Doch der wahre Moment der Erleuchtung kam, als ich zu Hause den Kaffee öffnete. Auf der Packung prangte der Spruch: „*Mit Liebe von Hand verlesen.*" Das klang romantisch, bis ich den Preis mit der Menge des Inhalts verglich. Mit diesem Kilo Kaffee hätte ich wahrscheinlich eine Kaffeefarm in Kolumbien retten können.

Nachhaltigkeit und Service, dachte ich, das ist wie ein Salatbuffet: eine tolle Idee, aber irgendwie fühlt man sich nie ganz satt. Es reicht nicht, grün zu sein – es muss auch ehrlich sein. Und manchmal frage ich mich, ob der wahre Weg zur Nachhaltigkeit nicht darin besteht, den ganzen Schnickschnack zu lassen und einfach eine Tasse Filterkaffee aus der heimischen Maschine zu trinken.

Aber hey, ich habe immerhin meinen grünen Kaffee. Und ein gutes Gewissen. Oder zumindest so etwas Ähnliches.

So sollte es sein:

Es gibt Tage, an denen man fast den Glauben an die Menschheit verliert – und dann gibt es Tage, an denen man beim Bäcker eine Breze kauft. Ja, eine Breze. Doch nicht irgendeine, sondern eine nachhaltige Breze.

„Was soll daran nachhaltig sein?" fragte ich skeptisch, als die Verkäuferin mir das Schild mit der Aufschrift „Unsere Brezen sind 100 % klimaneutral" zeigte. Ich war bereit, den üblichen Marketing-Blabla zu hören. Doch stattdessen erklärte sie mit leuchtenden Augen: „Wir beziehen unser Mehl von einem regionalen Bio-Bauern, backen mit Solarstrom und verwenden kompostierbare Verpackungen."

„Das klingt ja fantastisch", murmelte ich und fühlte mich bereits wie ein Held, der den Planeten rettet – Breze für Breze.

Doch das Beste kam noch: „Und wenn Sie Ihre Verpackung zurückbringen, bekommen Sie 10 Cent Rabatt auf die nächste Breze."

„Also quasi ein Brezen-Pfand?" fragte ich.

„Genau! Und die Bäcker sind bei uns in der Region fest angestellt, damit die Wertschöpfung hier bleibt."

Ich verließ den Laden mit einem warmen Gefühl – und einer Breze, die tatsächlich besser schmeckte als alle anderen. Nicht, weil sie salziger oder knuspriger war, sondern weil ich wusste, dass ich damit einen kleinen Beitrag geleistet hatte.

Manchmal zeigt sich Service nicht nur darin, was verkauft wird, sondern auch, wie es verkauft wird – mit Herz, Verstand und einem Blick auf die Zukunft.

Kapitel 5: Servicekultur international

Von Sushi bis Spaghetti – Wie kulturelle Unterschiede den Service prägen

---

So sollte es nicht sein:

Reisen bildet, sagt man. Aber niemand spricht über die Bildungslücken, die sich auftun, wenn man versucht, die Servicekultur anderer Länder zu verstehen. Glaubt mir, nach meinem letzten Urlaub weiß ich, dass ein Espresso in Italien mehr über die Seele eines Volkes verrät als jedes Geschichtsbuch.

Beginnen wir in Frankreich. Ich betrat ein kleines Straßencafé in Paris, mit der Hoffnung auf ein Croissant, einen Café au Lait und – vielleicht – ein Lächeln. Der Kellner, der mit einer Zigarette im Mundwinkel und einer Miene, die an ein Trauergesicht erinnerte, auf mich zukam, belehrte mich eines Besseren. „Quoi?" war seine ganze Begrüßung. Kein Bonjour, kein freundliches Nicken, nur dieses herrliche „Quoi?", das so viel bedeutete wie: *Was willst du, und warum bist du hier?*

Ich stammelte meine Bestellung auf schlechtem Schulfranzösisch. Er schaute mich an, als hätte ich gerade behauptet, der Eiffelturm sei in Deutschland gebaut worden. Das Croissant kam schließlich – trocken wie die Sahara – und der Kaffee schmeckte, als hätte er vor der Französischen Revolution in der Kanne gelegen. Aber, und das muss man ihnen lassen: Sie servieren es mit einer Eleganz, die einen vermuten lässt, sie hätten mindestens einen Michelinstern.

In Italien dagegen hatte ich das Gefühl, jeder Kellner wäre ein Freund, den ich seit Jahren nicht gesehen hatte. „Ciao, Amico!" rief mir der Barista in einer kleinen Trattoria zu, bevor ich überhaupt am Tisch saß. „Was darf's sein? Espresso? Cappuccino? Grappa? Ich bringe dir einfach alles!" Es war, als hätten sie eine interne Regel: *Wenn du nicht mindestens zweimal gelächelt hast, bevor der Kunde bestellt, wird dein Gehalt in Nudeln ausgezahlt.*

Doch bevor ich dachte, die Italiener hätten den Service-Olymp erklommen, machte ich einen Ausflug nach Großbritannien. Hier fand ich heraus, dass der Kunde zwar König ist, aber auch ein sehr höflicher sein muss. Jeder Satz begann mit „Sorry" – selbst dann, wenn ich an der Reihe war. „Sorry, Sir, darf ich Sie bedienen?" fragte der Kellner und entschuldigte sich dabei offenbar vorsorglich für jede mögliche Unannehmlichkeit, die er mir vielleicht jemals bereiten könnte. Der Tee kam schnell, mit einem Lächeln serviert, und obwohl er so dünn war, dass man durch ihn hindurchsehen konnte, fühlte ich mich willkommen.

In den USA dagegen war ich überwältigt. „Hi, how are you today?" rief die Kellnerin quer durch den Raum, bevor ich überhaupt den Tisch erreicht hatte. Es war, als würde sie sich nicht nur für meinen Kaffee, sondern auch für mein Seelenleben interessieren. Der Service war so schnell, dass ich mich fragte, ob sie telepathische Fähigkeiten hatten. Kaum hatte ich die Speisekarte angesehen, standen die Pancakes schon vor mir. Natürlich mit einem freundlichen „Enjoy your meal, Sir!" – und der subtilen Erwartung, dass ich dafür am Ende des Essens ein Trinkgeld in Höhe des Bruttoinlandsprodukts eines kleinen Landes hinterlasse.

Servicekultur international, das habe ich gelernt, ist wie eine kulinarische Weltreise: mal bittersüß, mal herzhaft, mal chaotisch, aber immer ein Erlebnis. Und wenn du jemals das Gefühl hast, der Service in deinem Heimatland sei schlecht, dann denk daran: Es könnte schlimmer sein. Du könntest in Russland sein, wo man dir das Essen auf den Tisch knallt und ein Blick sagt: *Sei froh, dass du überhaupt was bekommst.*

Am Ende ist es doch immer das Gleiche: Ein Lächeln kann vieles retten – und manchmal auch die ganze Erfahrung. Aber hey, wenn der Kaffee stimmt, verzeihe ich sogar das „Quoi?".

So sollte es sein:

Es war ein normaler Dienstagmorgen in unserem kleinen Familienhotel. Der Frühstücksraum summte leise vor sich hin, die Brötchen lagen akkurat in ihrer Reihe, und ich war stolz darauf, dass das Buffet so ordentlich aussah, als wäre es von der TÜV-Zentrale persönlich abgenommen worden. Doch dann trat *er* ein: ein Gast aus Italien. Gut gekleidet, mit einem Lächeln, das man sonst nur aus Werbungen für Dolce Vita kennt.

„Buongiorno!" rief er, während ich noch versuchte, das letzte Marmeladenglas im perfekten 90-Grad-Winkel auszurichten. „I would like a cappuccino, please!"

Ich lächelte höflich und nickte. „Das Frühstücksbuffet ist da hinten, Kaffee gibt es in der Thermoskanne", erklärte ich in meinem besten Hotel-Deutsch.

Sein Lächeln verschwand ein wenig. „No, no, I want *a real cappuccino*. Fresh. With foam." Er malte mit seinen Händen die perfekte Tasse Cappuccino in die Luft, als wollte er mir das Kunstwerk visualisieren.

„Ach so", sagte ich langsam. „Wir haben hier nur Filterkaffee. Cappuccino gibt es leider nicht."

„No cappuccino?" fragte er, sichtlich schockiert, als hätte ich ihm gerade eröffnet, dass Italien kein Mittelmeer mehr hat. „But... this is a hotel!"

„Ja, aber ein kleines Familienhotel", erklärte ich, mit dem Unterton, dass Filterkaffee doch wohl völlig ausreicht. „Das ist bei uns so üblich."

Er runzelte die Stirn, blickte zur Thermoskanne, dann zu mir und fragte vorsichtig: „Okay... can I get warm milk, then?"

„Warme Milch?" wiederholte ich und war kurz davor, laut zu lachen. „Nein, das gibt's hier nicht. Aber da hinten ist kalte Milch, die können Sie ja selbst warm machen – wenn Sie sie in den Kaffee gießen."

In diesem Moment verlor der Italiener endgültig sein Lächeln. Er starrte auf die Thermoskanne mit dem Filterkaffee, dann auf mich, dann wieder auf die Kanne. „In Italy," sagte er langsam, als müsste er mir eine Lektion in Zivilisation geben, „we always serve fresh coffee. With love."

„Tja", erwiderte ich trocken, „das hier ist Deutschland. Hier ist der Kaffee pünktlich."

Er verließ den Raum schließlich mit einer Tasse Filterkaffee in der Hand, ohne sich zu bedanken, während ich mir dachte: „Also, wie kann jemand Filterkaffee nicht zu schätzen wissen? Der ist doch effizient!"

Später, als ich die verwaiste Thermoskanne betrachtete, fragte ich mich, ob es wirklich so schwer gewesen wäre, dem Mann einen Cappuccino zu machen. Oder ihm zumindest nicht das Gefühl zu geben, er wäre der Störfaktor in meinem perfekt getakteten Frühstücksplan.

Kapitel 6: Kunden verstehen

Empathie und Individualität

So sollte es nicht sein:

Es gibt einen entscheidenden Unterschied zwischen *„Der Kunde ist König"* und *„Der Kunde ist egal"*. Leider neigen viele Unternehmen dazu, sich eher auf letzteres zu konzentrieren – ein Fehler, den ich am eigenen Leib erfahren durfte, als ich ein neues Sofa kaufen wollte.

Nun, ich bin kein einfacher Kunde. Ich habe Rückenprobleme, ein Farbkonzept im Wohnzimmer, das aussieht wie ein Streifzug durch den Regenbogen, und die naive Vorstellung, dass ein Sofa sowohl bequem als auch ästhetisch sein kann. Mit dieser Liste im Kopf betrat ich ein Möbelhaus, das groß genug war, um als Flughafen durchzugehen, und ebenso unübersichtlich.

Schon nach wenigen Minuten kam ein Verkäufer auf mich zu, dessen Lächeln die Wärme einer Steuerprüfung ausstrahlte. „Was suchen Sie?" fragte er, als würde er mir lieber einen Strafzettel ausstellen, als mir zu helfen.

„Ein Sofa", antwortete ich und fügte hinzu: „Ich habe Rückenprobleme, also wäre etwas Ergonomisches gut. Außerdem sollte es blau sein, damit es zum Rest der Einrichtung passt."

Er nickte und sagte in einem Tonfall, der deutlich machte, wie oft er diesen Satz schon abgespult hatte: „Hier sind unsere Sofas. Die sind alle bequem." Dann verschwand er, wahrscheinlich um sich in einem Lagerraum vor meiner komplizierten Anfrage zu verstecken.

Ich stand da, allein in einem Meer aus Möbeln, und fühlte mich wie ein Veganer in einer Metzgerei. Jedes Sofa sah fantastisch aus, bis ich mich darauf setzte. Eins war so hart, dass ich sicher war, es wurde ursprünglich für die Sitzgelegenheit eines mittelalterlichen Folterstuhls entworfen. Ein anderes war so weich, dass ich darin versank wie in einem Teich aus Kissen – mein Rücken schrie vor Entsetzen.

Schließlich wagte ich einen zweiten Versuch, den Verkäufer um Hilfe zu bitten. „Entschuldigung, ich habe wirklich Rückenprobleme. Haben Sie etwas Spezielles dafür?"

„Tja, wissen Sie, ich kann ja nicht wissen, was Sie brauchen", antwortete er, als hätte ich gerade gefragt, wie man Raketenwissenschaft betreibt.

Hier wurde mir klar: Empathie ist der Unterschied zwischen einem guten Verkäufer und jemandem, der bloß seine Stunden absitzt. Was ich gebraucht hätte, war kein Verkäufer, sondern ein Übersetzer für meine Bedürfnisse – jemand, der wirklich zuhörte und mir das Gefühl gab, verstanden zu werden.

So sollte es sein:

Manchmal frage ich mich, ob ich die Empathie mit der Muttermilch aufgesogen habe. Oder war es der Espresso, der mich so aufmerksam macht? Jedenfalls stand ich neulich im Laden, um den „Service aus der Perspektive des Kunden" zu testen. Eine grandiose Idee, die – wie sich herausstellte – an meinem unstillbaren Durst nach Abenteuer lag.

Ich hatte beschlossen, ein paar ganz simple Sandalen zu kaufen. „Etwas Bequemes und Individuelles, bitte", sagte ich mit einem gewinnenden Lächeln zu der Verkäuferin, einer Dame, die so wirkte, als hätte sie gerade alle Schuhe der Welt katalogisiert – bis Größe 42. Ihre Augen blitzten gefährlich auf. „Individuell? Bequem? So etwas finden wir bestimmt!" Das klang einerseits vielversprechend und andererseits nach einem bevorstehenden Marathon.

„Wie wäre es mit diesen hier?" Sie präsentierte mir ein Paar Sandalen, die aussahen, als hätten sie die Woodstock-Ära nicht nur miterlebt, sondern auch dort in den Schlamm gegriffen. „Perfekt für Individualisten!"

Ich probierte sie an. „Ich fühle mich wie auf Wolken!" sagte ich. „Wolken aus Beton. Gibt's auch etwas für Füße mit einem gewissen Anspruch auf Lebensqualität?" Sie verschwand, ohne eine Miene zu verziehen. Der erste Punkt ging an mich.

Es dauerte genau sieben Minuten und dreiundzwanzig Sekunden, bis sie triumphierend mit einem neuen Paar zurückkam. „Diese hier sind orthopädisch, haben Memory-Foam und sind wasserfest!" Ich starrte die Sandalen an. Sie hatten mehr Features als mein Auto. „Klingt toll", sagte ich, „aber können sie auch laufen?" Mein Witz wurde nicht gewürdigt.

Schließlich fand ich DAS Paar. Perfekte Größe, perfekter Komfort. Ich schaute die Verkäuferin an und sagte: „Das sind sie. Diese Sandalen verstehen mich." Sie lächelte. „Ein guter Service bedeutet, den Kunden zu verstehen, nicht wahr?" Ich nickte, überwältigt von der plötzlichen Harmonie zwischen uns.

Dann kam die Rechnung. „99 Euro", sagte sie. Ich schluckte, wollte aber meine emotionale Bindung zu den Sandalen nicht gefährden. „Für diesen Preis hätte ich auch eine Hypnose buchen können", murmelte ich. „Aber wahrscheinlich hätten die Sandalen dann doch nicht gepasst."

Am Ende verließ ich den Laden, ein zufriedener, wenn auch leicht verarmter Kunde. Service heißt eben auch, das Abenteuer des Einkaufs zu umarmen. Und manchmal braucht es nur die richtigen Sandalen, um zu erkennen, dass Individualität ihren Preis hat – auch wenn es manchmal mehr Mut als Geld kostet.

Kapitel 7: Emotionen wecken

Service, der begeistert

So sollte es nicht sein:

Es war ein grauer Donnerstagnachmittag, als ich mich entschied, in einem neu eröffneten Restaurant in der Innenstadt zu essen. Das Lokal hatte sich mit dem Slogan *„Mehr als ein Essen – ein Erlebnis!"* beworben. „Na, schauen wir mal", dachte ich mir und betrat voller Vorfreude das Restaurant.

Der erste Eindruck: modern eingerichtet, sanfte Hintergrundmusik – vielversprechend. Doch dann kam die Bedienung. Eine junge Frau, deren Miene an einen Montagmorgen erinnerte, an dem der Wecker nicht geklingelt hat.

„Was wollen Sie?" fragte sie, ohne einen Blickkontakt herzustellen, während sie den Tisch neben mir abwischte, als wäre dieser der eigentliche Star des Abends.

„Ähm, ich hätte gern die Speisekarte", antwortete ich, in der Hoffnung, dass sich die Stimmung bessern würde. Sie reichte mir wortlos eine Karte, deren Ecken so stark abgegriffen waren, dass sie vermutlich schon in der Eröffnungswoche ihren Glanz verloren hatten.

Ich bestellte ein „Empfehlungsgericht", in der Annahme, dass dies ein kulinarisches Highlight sein würde. Doch als der Teller nach einer erstaunlich kurzen Wartezeit serviert wurde, verstand ich, warum es so schnell ging: Es sah aus, als hätte jemand einfach wahllos Zutaten in die Pfanne geworfen. Das Ganze wurde mit einem Basilikumblatt garniert, das wohl die Rolle des „emotionalen Touches" übernehmen sollte.

„Entschuldigung", sagte ich vorsichtig, nachdem ich einen Bissen probiert hatte, „das Essen ist lauwarm."

„Na und?" war ihre Antwort, begleitet von einem Schulterzucken, das so viel Begeisterung ausstrahlte wie ein abgestelltes Auto. „Die Küche macht das immer so."

Ich starrte sie ungläubig an. Kein „Tut mir leid", kein „Ich frage in der Küche nach" – nichts. Stattdessen verschwand sie, ohne eine Lösung anzubieten, und ließ mich mit meinem emotionslosen Teller zurück.

Während ich aufgab, noch weitere Erwartungen zu haben, bemerkte ich, wie andere Gäste ebenfalls mit verhaltenen Mienen ihre Teller inspizierten. Keiner sprach, keiner lachte – es war, als hätte das Lokal die Gabe, jegliche Lebensfreude aus dem Raum zu saugen.

Ich zahlte, ohne nach dem Dessert zu fragen, und verließ das Restaurant mit einem klaren Fazit: Ein Erlebnis war das tatsächlich, aber nicht im positiven Sinne. Emotionen wecken? Ja, Enttäuschung und Frustration.

Manchmal reicht ein Lächeln oder eine kleine Geste, um Gäste glücklich zu machen. Doch wenn selbst der Versuch fehlt, den Funken überspringen zu lassen, bleibt am Ende nur ein fader Beigeschmack – im Essen und in der Erinnerung.

So sollte es sein:

Es gibt Service, der funktioniert, und dann gibt es Service, der einen zum Lächeln bringt, noch bevor man den Laden verlässt. Letzteres ist selten, fast so selten wie ein Auto, das auf der Autobahn blinkt, bevor es die Spur wechselt. Doch manchmal passiert es – und ich hatte das Glück, genau so eine Erfahrung zu machen.

Es begann in einer unscheinbaren kleinen Eisdiele, in die ich nur gegangen bin, weil draußen eine Schlange war. Ja, ich gehöre zu diesen Menschen, die glauben, dass lange Schlangen ein Zeichen für Qualität sind – auch wenn sie genauso gut für kostenlose Werbegeschenke oder das langsamste Personal der Welt stehen könnten.

Kaum war ich drin, wurde ich von einem Eisverkäufer begrüßt, dessen Energie ansteckend war. „Willkommen im Paradies der süßen Sünden!" rief er, als hätte er gerade einen Oscar für den besten Auftritt in einer Eisdiele gewonnen. „Haben Sie heute schon etwas Verrücktes gemacht? Nein? Dann wird es Zeit!"

Ich musste lachen. Noch bevor ich etwas bestellen konnte, reichte er mir einen winzigen Löffel mit einer Probierportion Mango-Chili-Eis. „Das kitzelt Ihre Geschmacksknospen wach", erklärte er mit einem Augenzwinkern. Und tatsächlich – es war eine Geschmacksexplosion, die irgendwo zwischen „Wow!" und „Was zur Hölle ist das?" lag.

„Haben Sie auch etwas weniger… feurig?" fragte ich, während ich mir die Schärfe von der Zunge pustete.

„Natürlich! Wie wäre es mit unserem Klassiker: Stracciatella? Aber nicht irgendein Stracciatella – unser Stracciatella ist wie der Porsche unter den Eissorten."

Während er sprach, füllte er eine Waffel, die er vorher mit flüssiger Schokolade ausgestrichen hatte, und streute ein paar bunte Zuckerperlen darüber. „Damit nicht nur Ihr Gaumen, sondern auch Ihre Augen etwas zu genießen haben", fügte er hinzu.

Ich stand da wie ein Kind, das gerade entdeckt hatte, dass Weihnachten und Geburtstag am gleichen Tag sind. Es war nicht nur das Eis, es war die Show. Der Verkäufer hatte die seltene Gabe, jedem Kunden das Gefühl zu geben, etwas Besonderes zu sein.

„Das ist noch nicht alles", sagte er, als er mir die Waffel überreichte. Er nahm eine winzige Papierkrone – die normalerweise für Kinder gedacht war – und setzte sie mir auf. „Jetzt sehen Sie nicht nur aus wie ein König, sondern fühlen sich auch so."

Ich verließ die Eisdiele mit einem Lächeln, das mindestens bis zu den Ohren reichte, einer Krone auf dem Kopf und dem festen Vorsatz, zurückzukehren.

Das war mehr als Eis, das war ein Erlebnis. Service, der begeistert, ist kein Zufall. Es ist die Kunst, den Kunden mit auf eine emotionale Reise zu nehmen –

und ihm das Gefühl zu geben, dass er für diesen kurzen Moment der Star ist.

Am Ende dachte ich: Wenn alle Geschäfte so wären, gäbe es keinen Grund mehr für schlechte Laune. Ein bisschen Schokolade in der Waffel, ein Augenzwinkern, eine kleine Papierkrone – und die Welt wäre ein besserer Ort.

Kapitel 8: Der digitale Service

Kunden online begeistern

So sollte es nicht sein:

Man sagt, das Internet habe das Einkaufen revolutioniert. Was niemand sagt, ist, dass diese Revolution auch Opfer gefordert hat – zum Beispiel meine Geduld.

Es begann an einem ruhigen Abend, als ich mich entschied, ein Paar Schuhe online zu bestellen. Ich hatte eine Vision: bequeme, stylische Sneakers, die mir das Gefühl geben würden, der coolste Rentner auf dem Gehweg zu sein. Der Online-Shop versprach „Einkaufen leicht gemacht" – ein Satz, der so trügerisch ist wie „Ich rufe gleich zurück."

Der Anfang war vielversprechend: Eine Startseite, die aussah, als hätte Picasso sie entworfen, mit poppigen Farben und blitzenden Bannern. „Finden Sie Ihren perfekten Schuh in nur drei Klicks!" stand da. Drei Klicks? Ich war beeindruckt. Das klang so einfach wie Toast machen.

Der erste Klick führte mich zur Kategorie „Sneakers".
Der zweite Klick öffnete ein Filtermenü, das mehr
Auswahl hatte als ein Gourmetrestaurant: Farben,
Größen, Materialarten, Schuhbreiten, Sohlenhöhen –
es fehlte nur die Option, die Schuhe nach
Sternzeichen zu sortieren.

Nach einer halben Stunde intensiver Filterarbeit hatte
ich meinen Traumschuh gefunden. Größe, Farbe, alles
passte. Ich war bereit, den letzten Klick zu machen –
den heiligen Gral des Online-Shoppings: „In den
Warenkorb". Doch genau in diesem Moment tauchte
ein Pop-up auf: „Möchten Sie sich nicht zuerst
registrieren?"

„Nein, ich möchte mich nicht registrieren!" murmelte
ich, klickte auf „Gastbestellung" und wurde mit einer
dreiseitigen Maske begrüßt, in der ich Details
eingeben sollte, die ich selbst kaum kannte:
Rechnungsadresse, Lieferadresse, Telefonnummer,
Geburtsdatum – ich wartete fast darauf, dass sie mich
nach dem Namen meines Haustieres fragten.

Endlich war alles eingegeben, und ich fühlte mich wie
ein Marathonläufer kurz vor der Ziellinie. Doch dann:
„Gutschein einlösen?" fragte der Shop. Natürlich hatte
ich keinen Gutschein. Der Shop wusste das. Es war, als
wollten sie mich daran erinnern, dass andere Kunden
klüger einkaufen als ich.

Beim Klick auf „Jetzt bestellen" kam der größte
Schock: „Ihre Bestellung wird bearbeitet. Sie erhalten
in Kürze eine Bestätigungsmail." Kurz darauf kam die

Mail: „Vielen Dank für Ihre Bestellung. Aufgrund hoher Nachfrage verzögert sich der Versand. Bitte haben Sie Geduld." Geduld? Ich wollte Schuhe, keine Zen-Meditation.

Drei Wochen später kam das Paket endlich an. Voller Vorfreude öffnete ich es – und fand darin ein Paar Schuhe. In der falschen Größe. Und in Pink.

Das ist der Moment, in dem du als Kunde nicht begeistert, sondern verzweifelt bist. Ich schrieb dem Kundenservice eine Mail. Ihre Antwort? „Wir bedauern das Missverständnis. Bitte schicken Sie die Schuhe zurück. Der Rückversand ist kostenlos – in Form eines Gutscheins, der auf Ihren nächsten Einkauf angerechnet wird."

Online-Service, dachte ich, ist wie ein Blind Date: Man weiß nie, was einen erwartet. Manchmal ist es perfekt – alles klickt, im wahrsten Sinne des Wortes. Und manchmal wünschst du dir, du wärst einfach ins Geschäft gegangen.

So sollte es sein:

Es war ein verregneter Sonntag, an dem ich beschloss, den neuen digitalen Service meiner Lieblingsbuchhandlung auszuprobieren. Der Laden hatte kürzlich angekündigt, dass man über ihre Website nicht nur Bücher bestellen, sondern auch Empfehlungen erhalten könne – personalisiert, „wie von Ihrem Lieblingsbuchhändler vor Ort". Ich war skeptisch. Konnte eine Website wirklich mit dem Charme meines altgedienten Buchhändlers mithalten, der jedes Buch empfahl, als hätte er es selbst geschrieben?

Ich öffnete die Seite und wurde freundlich begrüßt: „Hallo! Was lesen Sie gerne? Krimi, Romantik oder etwas ganz anderes?" Die Frage klang, als wäre sie von einem Menschen gestellt worden, nicht von einem Algorithmus. „Na gut, ich probier's mal", dachte ich, und klickte auf „Krimi".

Nach ein paar weiteren Fragen zu meinen Vorlieben – spannend oder eher gemütlich, moderne oder klassische Autoren – bekam ich eine Liste mit Vorschlägen. Aber nicht irgendeine Liste! Jedes Buch war liebevoll beschrieben: „Dieses Buch hält Sie bis zur letzten Seite wach" oder „Für Fans von Agatha Christie – mit einem unerwarteten Twist!"

Ich klickte auf einen der Titel, las die Beschreibung und war sofort begeistert. Ein weiteres Buch, das ich schon länger auf meiner Wunschliste hatte, wurde mir als ergänzende Empfehlung angezeigt. Die Krönung? Neben der digitalen Auswahl stand: *„Möchten Sie mit einem echten Buchhändler sprechen? Unser Chat ist für Sie da."*

Neugierig öffnete ich den Chat und war überrascht, als sich tatsächlich ein echter Mensch meldete. „Hallo! Haben Sie Fragen zu Ihrer Auswahl?" fragte er freundlich. Ich beschrieb kurz, welche Art von Krimis mir besonders gefällt, und bekam eine weitere Empfehlung, die so gut passte, dass ich fast applaudiert hätte.

Innerhalb von zehn Minuten hatte ich nicht nur zwei Bücher bestellt, sondern auch das Gefühl, dass sich jemand wirklich Mühe gegeben hatte, meinen Geschmack zu verstehen. Sogar die Lieferzeit war beeindruckend: Schon am nächsten Tag stand der Paketbote vor meiner Tür – mit einer handgeschriebenen Karte vom Team der Buchhandlung, auf der stand: *„Viel Spaß beim Lesen! Wir freuen uns auf Ihre nächste Bestellung."*

Das war kein digitaler Service – das war ein Erlebnis! Es zeigte mir, dass Technologie und Menschlichkeit keine Gegensätze sein müssen. Wenn beides kombiniert wird, entsteht etwas, das nicht nur praktisch, sondern auch emotional ist.

Kapitel 9: Service im digitalen Zeitalter

Zwischen Chatbots und Social Media – Kunden digital abholen

So sollte es nicht sein:

Früher war Service eine direkte Sache: Man ging in ein Geschäft, bekam entweder einen Lächeln-oder-Sterben-Blick oder tatsächlich Hilfe, und das war's. Heute jedoch, im Zeitalter von Social Media und Bewertungsportalen, ist der Kunde nicht nur König, sondern auch Journalist, Richter und Henker in einer Person.

Ich erinnere mich an ein Erlebnis mit einem Restaurant, das angeblich „die besten Burger der Stadt" serviert. Ich hatte es auf einem Bewertungsportal entdeckt, wo euphorische Kommentare wie „Ein Traum auf einem Brötchen!" und „So gut, ich habe meinen Vegetarismus aufgegeben!" prangten. Das Lokal hatte 4,8 von 5 Sternen – was in der Welt der Bewertungen ungefähr dem Michelin-Stern für Normalsterbliche entspricht.

Also zog ich los, hungrig und voller Erwartungen. Doch schon beim Betreten des Restaurants bemerkte ich, dass etwas nicht stimmte. Die Tische wackelten, der Kellner schaute mich an, als hätte ich gerade seine Pause unterbrochen, und die Musik war so laut, dass ich mich fühlte, als wäre ich versehentlich auf einem Technofestival gelandet.

Ich bestellte den berühmten Burger, der angeblich „zum Sterben gut" sein sollte. Zwanzig Minuten später kam er – und er sah tatsächlich aus, als hätte er bereits gestorben. Das Fleisch war trocken, der Salat welk, und die Brötchenhälften trennten sich wie ein Paar nach einer schlechten Eheberatung.

Natürlich wollte ich etwas sagen, aber der Kellner war so beschäftigt damit, eine Instagram-Story zu posten, dass ich mich nicht traute, ihn zu stören. Stattdessen nahm ich den modernen Weg der Beschwerde: Ich schrieb eine Bewertung.

„Enttäuschend", begann ich und schilderte mein Erlebnis ausführlich. Ich vergab zwei Sterne – einen für den Burger, weil er immerhin essbar war, und einen für die Luft, die man dort atmen konnte. Kaum hatte ich die Bewertung abgeschickt, kam die Antwort des Restaurants:

„Lieber Herr XY, es tut uns leid zu hören, dass Ihr Besuch nicht perfekt war. Wir nehmen Feedback sehr ernst und möchten Sie einladen, uns noch eine Chance zu geben. Bitte melden Sie sich bei uns per DM!"

Eine Antwort in weniger als zehn Minuten! Ich war beeindruckt. Natürlich meldete ich mich. Die Reaktion? Schweigen. Nichts. Nada. Sie hatten ihre Social-Media-Pflicht erfüllt – eine schnelle Antwort, die die Welt sieht – und das war's.

Das ist Service im digitalen Zeitalter: eine Show für die Öffentlichkeit. Es geht weniger darum, Probleme zu lösen, als darum, gut dazustehen. Die Sternebewertungen sind das neue Kapital, und jedes Unternehmen kämpft darum, sie zu steigern – manchmal auf die ehrlichste Weise, manchmal mit Methoden, die den Ethikrat in Ohnmacht fallen lassen würden.

So sollte es sein:

Es begann mit einem missglückten Kuchen. Eigentlich sollte es eine Überraschung für den Geburtstag meiner Frau werden – eine kunstvolle Torte mit Schokoladenüberzug und einer marzipanen Rose obendrauf. Was ich jedoch aus dem Backofen zog, sah eher aus wie ein Meteoriteneinschlag in einer Schokoladenwüste. Panik! Mein erster Gedanke: „Vielleicht hat sie ja Sinn für abstrakte Kunst." Mein zweiter Gedanke: „Wer hat eine Konditorei und Wi-Fi?"

Also suchte ich auf Social Media. Nach kurzem Scrollen durch Kuchen, die so perfekt aussahen, dass ich einen Filter auf meinem Leben vermutete, stieß ich auf den Instagram-Account einer lokalen Bäckerei. Die Fotos? Makellos. Der Slogan? *„Süße Lösungen für große Momente!"* Na, wenn das mal nicht wie für mich gemacht war. Ich schrieb verzweifelt eine Nachricht:

„Hallo, ich brauche dringend eine Torte. Geburtstag in drei Stunden. Gibt es Hoffnung?"

Innerhalb von fünf Minuten kam die Antwort: „Natürlich gibt es Hoffnung! Welche Art von Torte hätten Sie gerne? Wir lieben Herausforderungen!"

Ich malte mir aus, wie sie in der Bäckerei mein Drama diskutierten: *„Schaut euch diesen Amateur an. Drei Stunden für eine Torte! Der arme Kerl."* Doch ich war in ihrer Hand und schickte eine Beschreibung der gewünschten Torte, die eher nach „hilfloser Mann in Not" klang als nach einem klaren Auftrag.

„Kein Problem, wir zaubern Ihnen die perfekte Torte. Kommen Sie in zwei Stunden vorbei, sie wird fertig sein", kam die beruhigende Antwort. Ich las den Satz dreimal, weil ich sicher war, dass sie einen Tippfehler gemacht hatten. Aber sie meinten es ernst.

Zwei Stunden später betrat ich die Bäckerei, die in echt genauso charmant aussah wie auf Instagram. Die Torte stand bereit – ein Meisterwerk aus Schokolade, Marzipan und dem Stolz eines Teams, das offenbar auch unter Zeitdruck besser arbeitet als ich in einer ganzen Woche.

„Wir haben die Rose ein bisschen größer gemacht – das gibt der Torte noch das gewisse Etwas", erklärte die Konditorin mit einem Lächeln, das mich kurz überlegen ließ, ob ich sie nicht gleich fürs nächste Projekt engagieren sollte: mein Leben.

Als ich bezahlen wollte, fügte sie hinzu: „Übrigens, wenn Ihnen die Torte gefällt, würden wir uns über eine Bewertung auf Instagram freuen. Aber nur, wenn sie wirklich begeistert sind!"

Natürlich war ich begeistert. Noch am selben Abend postete ich ein Foto der Torte, das mehr Likes bekam als alle meine Urlaubsbilder zusammen. Meine Frau war glücklich, die Gäste beeindruckt, und ich wurde in der Familie zum heimlichen Helden – obwohl ich nur auf *Hilfe senden* geklickt hatte.

Das Beste? Die Bäckerei kommentierte meinen Post mit einem freundlichen: *„Vielen Dank! Wir freuen uns, dass wir helfen konnten!"* Es war fast so, als hätte ich einen Freund gefunden – einen, der Torten macht und mich nicht für mein Kuchenversagen verurteilt.

Social Media hatte in diesem Fall nicht nur einen Moment gerettet, sondern auch bewiesen, dass man selbst in der digitalen Welt ein Herz haben kann. Und ich? Ich schwöre, nie wieder zu backen. Außer, es geht um die nächste Lava-Landschaft.

Kapitel 10: Service als Unternehmenskultur

Kundenorientierung leben

So sollte es nicht sein:

Es gibt Unternehmen, die behaupten, der Kunde stehe bei ihnen im Mittelpunkt. Und dann gibt es solche, bei denen der Kunde bestenfalls in einer Randnotiz auftaucht – irgendwo zwischen „Lieferkonditionen" und „Beschwerderichtlinien". Das habe ich neulich erlebt, als ich den „Spaß" hatte, bei einer großen Telefongesellschaft einen neuen Vertrag abzuschließen.

Schon beim Betreten des Ladens wurde mir klar: Hier wird Kundenorientierung großgeschrieben – zumindest auf den Postern an den Wänden. „Ihre Zufriedenheit ist unser Antrieb", stand da, neben einem Foto eines Mitarbeiters, der so freundlich lächelte, dass ich mich fragte, ob er per Photoshop dazu gezwungen wurde.

Doch die Realität begann am Empfangstresen. Dort saß ein Mitarbeiter, der offenbar in einem

Paralleluniversum existierte. „Nummer ziehen!"
schnauzte er, ohne aufzuschauen, während er mit
einer Hand in sein Handy tippte. Ich zog also brav eine
Nummer und wartete. Und wartete. Und wartete.
Nach einer Stunde, in der ich genug Zeit hatte, eine
Biografie zu schreiben, wurde ich endlich aufgerufen.

„Was möchten Sie?" fragte mich der Mitarbeiter in
einem Ton, der vermuten ließ, er hätte gerade drei
Stunden lang Anfragen nach Passwortänderungen
bearbeitet.

„Ich möchte einen neuen Vertrag abschließen",
erklärte ich und reichte ihm meine Unterlagen. Er
starrte mich an, als hätte ich ihn gebeten, mein Auto
zu waschen. „Haben Sie einen Termin?" fragte er dann.

„Einen Termin? Wofür?"

„Für die Beratung", sagte er und zeigte auf ein Schild:
Ohne Termin keine Beratung.

„Aber ich warte seit einer Stunde!" protestierte ich.

„Dann warten Sie wohl noch länger."

Hier wurde mir klar: Kundenorientierung ist mehr als
ein Slogan. Es ist eine Lebenseinstellung – und die
hatte dieser Laden offenbar auf Urlaub geschickt.

So sollte es sein:

Es gibt Unternehmen, die behaupten, kundenorientiert zu sein, und dann gibt es Unternehmen, die es tatsächlich leben. Letztere erkennt man daran, dass man nach dem Besuch nicht nur mit einem Produkt, sondern mit einem guten Gefühl nach Hause geht – so wie ich neulich, als ich in einem Baumarkt war.

Ich weiß, Baumärkte sind normalerweise keine Orte, an denen man sich willkommen fühlt. Meist irrt man zwischen meterhohen Regalen voller Schrauben, Nägel und Werkzeuge herum, während die Mitarbeiter wie seltene Vogelarten im dichten Wald verschwinden. Doch dieser Baumarkt war anders. Schon beim Betreten begrüßte mich ein freundlicher Mitarbeiter mit den Worten: „Kann ich Ihnen helfen?" Ich war so überrascht, dass ich kurz überlegte, ob ich vielleicht im falschen Gebäude gelandet war.

„Ja, ich suche eine Lampe", stammelte ich, immer noch misstrauisch.

„Natürlich, ich bringe Sie hin! Welche Art von Lampe suchen Sie? Für innen, für außen, dimmbar oder mit Bewegungsmelder?" fragte er, während er mich zielsicher durch die Gänge führte.

„Ähm, eine für den Flur", antwortete ich vorsichtig, weil ich nicht daran gewöhnt war, dass jemand so viele Fragen stellt, ohne mich dabei genervt anzusehen.

„Ah, dann brauchen Sie etwas, das sowohl praktisch als auch stilvoll ist", erklärte er mit der Überzeugung eines Interior-Designers. Er zeigte mir mehrere Modelle, und als ich mich nicht entscheiden konnte, nahm er zwei Lampen aus dem Regal und schaltete sie für mich ein, um mir den Unterschied zu zeigen. „Diese hier macht ein wärmeres Licht, perfekt für einen einladenden Flur. Und die andere ist ideal, wenn Sie es etwas moderner mögen."

Ich fühlte mich wie bei einer privaten Lichtshow. Doch der Höhepunkt kam erst an der Kasse. Während ich bezahlte, sagte der Mitarbeiter: „Falls Sie Probleme beim Anbringen haben, kommen Sie einfach vorbei. Wir erklären Ihnen, wie's geht, oder leihen Ihnen kostenlos die passende Bohrmaschine."

Ich starrte ihn an, als hätte er mir gerade eine Eintrittskarte zum Paradies angeboten. „Kostenlos?" wiederholte ich, nur um sicherzugehen, dass ich nicht träumte.

„Natürlich! Wir wollen ja, dass unsere Kunden zufrieden sind. Und übrigens: Hier ist ein Gutschein für Ihren nächsten Einkauf."

Ich verließ den Baumarkt mit einer Lampe, einem Gutschein und dem Gefühl, als hätte ich gerade ein 5-Sterne-Hotel für Heimwerker erlebt.

Ein Unternehmen, das Service als Teil seiner Struktur lebt, zeigt sich nicht nur in den Produkten, die es verkauft, sondern in den kleinen Details, die den Kunden glücklich machen. In diesem Baumarkt ging es nicht nur um Schrauben und Lampen – es ging um Menschen. Und das Licht, das ich mit nach Hause nahm, war nicht nur elektrisch. Es war das gute Gefühl, dass Service wirklich von Herzen kommen kann.

Kapitel 11: Der Umgang mit Beschwerden

Herausforderungen meistern

So sollte es nicht sein:

Es gibt zwei Arten von Menschen: Diejenigen, die Beschwerden als Chance sehen, und diejenigen, die schon beim Wort „Reklamation" Schweißausbrüche bekommen. Leider hatte ich es in einer meiner denkwürdigsten Serviceerfahrungen mit der zweiten Gruppe zu tun – und zwar in einem Elektronikgeschäft, das ich hier aus Rücksicht auf ihre ohnehin angeschlagene Reputation nicht namentlich nennen möchte.

Alles begann mit einem Toaster. Ja, ein Toaster. Das Ding sollte eigentlich nur mein Brot rösten, aber stattdessen verwandelte es sich nach einer Woche in eine Rauchmaschine, die vermutlich auf jeder Technoparty für Applaus gesorgt hätte.

Also stapfte ich zurück ins Geschäft, den Toaster unter dem Arm, und stellte mich beim Kundendienst an. Die Mitarbeiterin am Schalter musterte mich mit einer

Mischung aus Misstrauen und Langeweile, als wäre ich ein Vertreter für Staubsauger, der unangemeldet zum Kaffee kommt. „Was gibt's?" fragte sie, ohne ihre Kaugummiblasen zu unterbrechen.

„Mein Toaster ist kaputt", erklärte ich und setzte meinen freundlichsten Ton auf.

„Haben Sie den Kassenbon?"

Natürlich hatte ich den Bon. Ich war vorbereitet wie ein Pfadfinder. Doch statt Dankbarkeit zu zeigen, riss sie mir das Papier aus der Hand und untersuchte es, als wäre ich ein Fälscher. „Der Bon ist ein bisschen zerknittert", kommentierte sie schließlich und schaute mich an, als hätte ich die heiligen Schriften ruiniert.

„Das liegt daran, dass er in meiner Tasche war", erklärte ich geduldig.

„Na gut", sagte sie und öffnete ihren Computer. „Aber wir können nichts garantieren. Vielleicht haben Sie den Toaster falsch benutzt."

„Falsch benutzt?" fragte ich ungläubig. „Wie kann man einen Toaster falsch benutzen? Ich habe Brot hineingetan, wie es in der Anleitung steht."

„Manche Leute übertreiben es mit dem Toasten", antwortete sie mit einem Schulterzucken. Ich war sprachlos. Gibt es eine Toast-Grenze, von der ich nichts weiß?

Nach zehn Minuten Diskussion, bei der ich mich wie ein Angeklagter in einem schlechten Krimi fühlte, bot sie mir schließlich einen Umtausch an. Kein „Entschuldigung", kein „Tut uns leid", nur ein genervtes „Hier ist der neue Toaster. Nächster bitte."

Das war also der Umgang mit Beschwerden – in seiner schlechtesten Form. Kein Mitgefühl, keine Lösungskompetenz, nur ein lebloser Prozess, der den Kunden als Störfaktor sieht.

So sollte es sein:

Man sagt ja, der Umgang mit Beschwerden sei die Königsdisziplin des Service. Und ich habe genau das erlebt – in einer Pizzeria. Ja, einer Pizzeria! Wer hätte gedacht, dass man dort mehr über Diplomatie lernt als in einem UN-Sicherheitsrat.

Es war ein gemütlicher Freitagabend, und ich hatte eine Pizza bestellt. Eine mit allem, was das Herz begehrt: Salami, Käse, Pilze und, na ja, eigentlich keine Oliven. Doch genau diese Oliven schauten mich an, als ich den Karton öffnete, so grün und triumphierend, als wollten sie sagen: *Wir gehören jetzt dazu.*

Ich bin kein schwieriger Mensch, aber Oliven sind für mich der Endgegner der Lebensmittelwelt. Also rief ich in der Pizzeria an, bereit, mein Leid zu schildern. Am anderen Ende meldete sich der Besitzer persönlich, mit einer Stimme, die so freundlich war, dass ich fast vergaß, warum ich anrief.

„Oh, das tut mir wirklich leid", sagte er, als ich das Problem erklärte. „Das hätte nicht passieren dürfen. Wissen Sie was? Ich bringe Ihnen sofort eine neue Pizza – diesmal garantiert ohne Oliven!"

Ich war beeindruckt. Aber es wurde noch besser. Keine zwanzig Minuten später stand er persönlich vor meiner Tür, mit einer frisch gebackenen Pizza und einem breiten Lächeln. Doch nicht nur das: Er hatte auch eine kleine Tüte dabei.

„Das hier ist für Sie", sagte er und überreichte mir einen hausgemachten Nachtisch. „Als Entschuldigung – und ich hoffe, Sie geben uns noch eine Chance."

Ich war sprachlos. Nicht nur wegen der neuen Pizza, sondern auch wegen der Tiramisu, die so lecker aussah, dass ich fast ein bisschen dankbar für die Oliven war.

„So ein Service ist selten", stammelte ich, worauf er lächelte und sagte: „Ach, wissen Sie, Beschwerden sind für uns eine Chance. Denn wenn Sie am Ende glücklich sind, haben wir alles richtig gemacht."

Die neue Pizza war perfekt, das Tiramisu ein Traum, und ich war nicht nur satt, sondern auch begeistert. Der Umgang mit meiner Beschwerde hatte mich überzeugt, dass diese Pizzeria nicht einfach nur Essen verkauft – sie verkauft Freude.

Manchmal zeigt sich echter Service eben nicht daran, dass keine Fehler passieren, sondern daran, wie man sie ausbügelt. Und wenn das mit Tiramisu geschieht, gibt es keinen Grund zur Klage mehr.

Kapitel 12: Service und Technologie

Innovationen nutzen

So sollte es nicht sein:

Manchmal habe ich das Gefühl, dass Technologie in der Servicewelt entweder ein Segen oder eine Quelle puren Chaos ist – dazwischen scheint es nichts zu geben. Mein letzter Kontakt mit einer „innovativen Service-Lösung" hat mir das eindrucksvoll bewiesen.

Es begann mit einem simplen Wunsch: Ich wollte meinen Internetvertrag ändern. Statt in einen Laden zu gehen, dachte ich, ich nutze die moderne Technik und probiere den hochgelobten „Self-Service-Bereich" auf der Website meines Anbieters aus. Dort, so versprach es die Startseite, könne ich „alles bequem selbst regeln – einfach, schnell und rund um die Uhr."

Klang fantastisch. Die Realität? Nicht so sehr.

Schon die Anmeldung war ein Abenteuer. Ich musste mich durch fünf Sicherheitsfragen kämpfen, von

denen eine lautete: *„Wie hieß Ihr erstes Haustier?"*
Problem: Ich hatte nie eines. In meiner Verzweiflung
gab ich „Goldfisch" ein – eine ironische Wahl, die das
System offenbar akzeptierte.

Drinnen erwartete mich ein Interface, das aussah, als
hätte es ein Informatikstudent entworfen – im Jahr
1998. Nach zehn Minuten Suche fand ich endlich den
Bereich „Vertrag ändern". Ich klickte darauf und wurde
zu einer Seite weitergeleitet, die mir mitteilte: *„Dieser
Service ist momentan nicht verfügbar. Bitte versuchen
Sie es später erneut."*

Entnervt entschied ich mich, den digitalen Chatbot zu
nutzen, der unten rechts fröhlich blinkte. „Hallo, wie
kann ich Ihnen helfen?" fragte er, mit einer
Freundlichkeit, die so künstlich war wie seine
Intelligenz.

„Ich möchte meinen Vertrag ändern", schrieb ich.

Nach einer kurzen Pause antwortete er: *„Haben Sie
schon unsere FAQ besucht?"* – was ungefähr so
hilfreich war wie der Hinweis, dass Wasser nass ist.

„Ja, habe ich. Ich brauche echte Hilfe!" tippte ich
zurück.

Darauf folgte: *„Ich verstehe Ihre Anfrage nicht. Bitte
formulieren Sie sie anders."*

In diesem Moment spürte ich, wie mein Blutdruck
stieg. Schließlich fragte ich nach einem menschlichen
Ansprechpartner. Der Bot erklärte mir, dass ich dafür

die Hotline anrufen müsse – die aber nur von 9 bis 17 Uhr erreichbar sei. Ich blickte auf die Uhr: 17:02 Uhr.

Am nächsten Tag wagte ich den Anruf. Nach einer halben Stunde in der Warteschleife, unterbrochen von einer mechanischen Stimme, die mich ständig darauf hinwies, dass „alle Mitarbeiter im Gespräch" seien, hatte ich endlich jemanden am Apparat. Die Mitarbeiterin hörte sich mein Anliegen an – und leitete mich sofort an die IT-Abteilung weiter. Dort erklärte man mir, dass mein Problem nicht telefonisch, sondern nur online zu lösen sei.

Technologie, dachte ich, ist nur dann ein Gewinn, wenn sie funktioniert. Und zwar nicht nur für das Unternehmen, sondern auch für den Kunden.

So sollte es sein:

Es begann, wie so viele technische Abenteuer beginnen: mit der Erkenntnis, dass meine Waschmaschine beschlossen hatte, den Ruhestand anzutreten. Während ich vor dem blinkenden Display stand, das kryptische Fehlermeldungen anzeigte – eine Mischung aus „E3" und einem traurigen Smiley – wusste ich, dass ich dringend Ersatz brauchte.

Also machte ich mich online auf die Suche und entdeckte eine Website, die versprach: *„Wir finden die perfekte Waschmaschine für Sie – schnell, einfach und intelligent!"* Ich klickte skeptisch auf den Button „Jetzt starten", bereit für die übliche Flut an unverständlichen Produktbeschreibungen. Doch dann wurde ich überrascht.

Der digitale Assistent – oder wie sie ihn nannten, „Waschmaschinen-Wizard" – meldete sich freundlich: „Hallo! Lassen Sie uns herausfinden, welche Waschmaschine zu Ihnen passt. Wie oft waschen Sie pro Woche?"

Ich antwortete ehrlich: „Drei- bis viermal."

„Haben Sie Haustiere?" fragte der Wizard.

„Ja, eine Katze", tippte ich, worauf er antwortete: „Dann sollten wir sicherstellen, dass Ihre neue Waschmaschine Tierhaare problemlos entfernt. Und wie steht's mit Energieeffizienz?"

„Hauptsache, sie wäscht und geht nicht in den Streik", schrieb ich zurück. Der Wizard schien darüber nicht beleidigt zu sein. Stattdessen präsentierte er mir nach wenigen Minuten drei Modelle – mit klaren Vorteilen, Preisvergleichen und sogar Videos, die zeigten, wie leise sie im Betrieb waren.

Ich wählte ein Modell aus und klickte auf „Bestellen". Doch die Überraschung war noch nicht vorbei. Nach dem Kauf bekam ich eine E-Mail mit dem Betreff: *„Bereit für den ersten Waschgang?"* Darin war eine Anleitung, wie ich die Maschine aufstelle, die wichtigsten Einstellungen – und ein Video mit einem fröhlichen Mitarbeiter, der mir zeigte, wie ich Katzenhaare mit dem Spezialprogramm besiege.

Aber der Höhepunkt kam bei der Lieferung: Der Fahrer, ausgestattet mit einem Tablet, ließ mich digital unterschreiben, richtete die Maschine auf Wunsch ein und erklärte mir kurz die Bedienung. Zum Abschluss sagte er: „Falls Sie Fragen haben, können Sie uns jederzeit per Videochat erreichen."

Ich stand da, sprachlos – und ein bisschen verliebt in diesen Service. Eine Waschmaschine zu kaufen war plötzlich nicht nur einfach, sondern auch ein Erlebnis.

Technologie, dachte ich, ist ein wunderbares Werkzeug, wenn sie richtig eingesetzt wird. Sie sollte nicht verwirren, sondern erleichtern. Und genau das hatte dieser Waschmaschinen-Wizard geschafft.

Ein Unternehmen, das Technologie nicht nur einführt, sondern mit Herz und Verstand nutzt, zeigt, dass Innovation nicht kalt sein muss. Denn wenn selbst der Kauf einer Waschmaschine Spaß macht, dann ist das wahrlich eine Innovation, die den Alltag bereichert.

Kapitel 13: Service in Extremsituationen

Wenn der Kunde knifflig wird – Service am Limit

So sollte es nicht sein:

Es heißt ja, der wahre Charakter zeigt sich in Krisen. Ich glaube, dasselbe gilt für Service. Denn in Extremsituationen, wenn alles schiefgeht und die Emotionen hochkochen, zeigt sich, ob ein Unternehmen wirklich kundenorientiert ist – oder ob es besser wäre, die Servicemitarbeiter ins Zeugenschutzprogramm zu schicken.

Ein besonders denkwürdiges Erlebnis hatte ich an einem Flughafen. Es war einer dieser Tage, an denen das Chaos praktisch in der Luft lag. Mein Flug war annulliert worden, ein Schneesturm tobte, und ich stand mit gefühlt tausend anderen Menschen in einer Schlange vor dem Schalter der Fluggesellschaft.

Hinter dem Tresen saßen zwei Mitarbeiter, die aussahen, als hätten sie bereits drei Nervenzusammenbrüche hinter sich. Vor mir stand ein

Mann, der lautstark forderte, sofort auf den nächsten Flug umgebucht zu werden – ein Wunsch, der bei einem Wetterbericht wie aus einem Katastrophenfilm wohl eher ein Fall für den Weihnachtsmann gewesen wäre.

Als ich endlich an der Reihe war, fragte ich höflich, ob es irgendeine Möglichkeit gäbe, doch noch zu meinem Ziel zu kommen. Die Mitarbeiterin schaute mich mit leerem Blick an, tippte ein paar Sekunden in ihren Computer und sagte dann: „Nächster möglicher Flug: Übermorgen."

„Übermorgen?" wiederholte ich entsetzt. „Das ist doch nicht Ihr Ernst!"

„Das ist die beste Option", antwortete sie monoton, ohne mich auch nur anzusehen. Kein Entschuldigung, kein Mitgefühl, nichts. Ich fühlte mich wie ein Antragsteller beim Amt, der gerade erklärt bekommt, warum sein Formular nicht bearbeitet werden kann.

Es war der Moment, in dem ich begriff: Service in Extremsituationen ist wie ein Lackmustest für Empathie. Es geht nicht darum, immer eine Lösung zu haben – manchmal gibt es schlicht keine. Aber es geht darum, wie man mit den Kunden spricht, die ohnehin schon auf 180 sind.

So sollte es sein:

Es gibt Momente im Leben, in denen der Service-Mitarbeiter nicht nur ein Service-Mitarbeiter ist, sondern ein Held in Uniform. Ich spreche hier von Extremsituationen. Und bevor du fragst: Ja, ich war kürzlich in so einer. Eigentlich wollte ich nur eine harmlose Pizza bestellen – doch was dann passierte, könnte ein Drehbuch für einen Katastrophenfilm sein.

Es begann ganz harmlos. „Eine Pizza Funghi, bitte", sagte ich am Telefon, meine Stimme erfüllt von Optimismus und Hunger. „Und schnell, ich sterbe vor Hunger." Der junge Mann am anderen Ende der Leitung versprach eine Lieferung in 30 Minuten. Naiv, wie ich war, glaubte ich ihm.

20 Minuten später zog ein Gewitter auf, das Noah persönlich zurück in die Arche getrieben hätte. Regen prasselte gegen die Fenster, Blitze zuckten, und der Wind sang ein apokalyptisches Lied. Mein Magen knurrte synchron dazu. „Jetzt kommt die echte Bewährungsprobe", dachte ich. Aber ehrlich gesagt rechnete ich nicht mehr mit der Pizza – höchstens mit einem Boot voller Tiere.

Doch dann, plötzlich, klingelte es. Ich sprintete zur Tür, öffnete sie und da stand er: Der tapferste Pizzabote der Welt. Klatschnass, aber mit einem stolzen Lächeln im Gesicht. In einer Hand hielt er die Pizza, in der anderen einen Regenschirm, der offensichtlich aufgegeben hatte. Sein Helm schien mehr Wasser zu fassen als der Gartenteich meines Nachbarn.

„Hier ist Ihre Pizza", sagte er, als hätte er soeben die Alpen überquert. Ich war sprachlos. „Wie… wie haben Sie das gemacht?" fragte ich und bot ihm ein Handtuch an. „Regen ist kein Grund, aufzugeben", sagte er mit einem Blick, der direkt in meine Seele ging. „Und außerdem bin ich nicht aus Zucker."

Ich war so überwältigt, dass ich ihm nicht nur Trinkgeld gab, sondern gleich noch eine heiße Tasse Tee anbot. „Das ist der beste Service, den ich je erlebt habe", sagte ich, während er dankbar in seine dampfende Tasse starrte. „Das ist unser Job", sagte er mit einem Schulterzucken. Und dann setzte er sich wieder auf seinen treuen Roller, der aussah, als hätte er gerade das Mittelmeer durchquert.

Kapitel 14: Service in der globalisierten Welt

Interkulturelle Kompetenz

So sollte es nicht sein:

Es war einer dieser Tage, an denen ich dachte: „Heute machst du alles richtig!" Ich hatte beschlossen, eine kleine exotische Feier zu veranstalten, mit Gerichten aus aller Welt. „Das wird ein multikulturelles Fest der Köstlichkeiten", sagte ich mir und rief optimistisch einen Lieferservice an, der sich auf internationale Spezialitäten spezialisiert hatte. Schon der Name klang wie ein Versprechen: „Global Delights".

„Guten Tag", begrüßte ich die Stimme am Telefon, die klang, als hätte sie bereits den ganzen Tag Kunden mit einer Mischung aus Gleichgültigkeit und Langeweile abgespeist. „Ich hätte gerne eine Mischung aus indischem Curry, italienischer Pizza und etwas Thailändischem. Es soll… wie soll ich sagen… weltoffen sein."

„Kein Problem", sagte die Stimme, die so wenig Begeisterung ausstrahlte wie ein leerer Kühlschrank.

„Kommt in einer Stunde." Damit begann der Abstieg in eine interkulturelle Service-Hölle.

Nach exakt zwei Stunden und 17 Minuten klingelte es an der Tür. Ich öffnete, und da stand ein Lieferant, der aussah, als hätte er die Bestellung zu Fuß aus Mumbai, Rom und Bangkok selbst abgeholt. In seiner Hand hielt er einen Pappkarton, der so durchweicht war, dass er wie ein biologisches Experiment wirkte.

„Hier ist Ihre Bestellung", sagte er und reichte mir den Karton, der etwas von einem leckeren Abenteuer hätte erzählen sollen, aber eher wie ein Unfall roch. Vorsichtig öffnete ich die Schachtel. Das „indische Curry" war ein blasses, undefinierbares Etwas, das eher an Suppe erinnerte. Die „italienische Pizza" war offenbar ein Produkt des kulinarischen Minimalismus – Käse und Teig in einer sehr distanzierten Beziehung. Und das „Thailändische"? Nun, es sah aus, als hätte jemand Reis mit Gummibändern gewürzt.

„Ähm…" begann ich vorsichtig. „Das scheint nicht ganz… international zu sein." Der Lieferant zuckte mit den Schultern. „Ich bin nur der Fahrer. Die Küche ist in Bulgarien, die Zentrale in Schweden, und die App wurde in China programmiert. Das ist eben Globalisierung."

Ich nickte, bezahlte viel zu viel Geld und setzte mich an meinen Tisch, der wie ein Friedhof für kulinarische Hoffnungen aussah. Ich wollte den „Service von Welt" erleben, und stattdessen hatte ich den Geschmack von Chaos und Verzweiflung auf dem Teller.

Am Ende bestellte ich eine einfache deutsche Tiefkühlpizza, die mir mehr kulturelle Authentizität bot als alles, was „Global Delights" je zustande bringen würde. „Manchmal", sagte ich mir, während ich genüsslich in die Pizza biss, „ist weniger Globalisierung mehr."

So sollte es sein:

Im Gegensatz dazu habe ich in einem kleinen italienischen Familienrestaurant erlebt, wie Service auf charmanteste Weise interkulturell funktioniert. Der Kellner, ein Mann mit der Energie eines Operntenors, begrüßte mich mit einem fröhlichen „Ciao! Alles gut? Was willst du essen?"

„Etwas Typisches, Italienisches", sagte ich – ein Satz, den ich später bereute, denn er führte zu einer Flut von Fragen.

„Fisch? Pasta? Fleisch? Oder willst du eine *Vera Pizza Napolitana*? Aber nur mit Wein, sonst bist du kein echter Italiener!"

Er ließ mich keine Sekunde allein, erklärte mir jedes Gericht, erzählte die Geschichte seiner Nonna und brachte mich dazu, mehr zu bestellen, als mein Magen eigentlich verkraften konnte. Am Ende fühlte ich mich wie ein Teil der Familie – und ich verließ das Restaurant, nicht nur gesättigt, sondern beseelt.

Interkulturelle Kompetenz im Service ist keine Raketenwissenschaft, sondern eine Kunst, die sich auf zwei Prinzipien stützt: Zuhören und Einfühlen. Es geht darum, die kulturellen Erwartungen des Gegenübers zu erkennen und darauf einzugehen – ohne dabei die eigene Identität zu verlieren.

In einer globalisierten Welt, in der Kunden aus allen Ecken der Erde kommen, kann diese Fähigkeit den

Unterschied zwischen einem zufriedenen und einem begeisterten Kunden ausmachen. Und am Ende merkt man: Service ist eine Sprache, die zwar viele Dialekte hat, aber immer eines gemeinsam – das Bemühen, den anderen zu verstehen.

Kapitel 15: Die Psychologie des Services

Was in den Köpfen der Kunden wirklich vorgeht

So sollte es nicht sein:

Manchmal habe ich das Gefühl, dass der Service der modernen Welt weniger auf Psychologie als vielmehr auf reiner Glückssache basiert. Mein neuestes Erlebnis, das ich unter dem Titel „Wie man Kunden erfolgreich in den Wahnsinn treibt" archivieren könnte, begann mit einem harmlosen Anliegen: Ich wollte ein neues Smartphone kaufen. Ein einfaches Gerät, mit dem man telefonieren, Nachrichten schreiben und gelegentlich so tun kann, als hätte man ein aufregendes Leben.

Ich betrat den Laden voller Hoffnung und wurde sofort von einem Verkäufer begrüßt, der ein Grinsen aufsetzte, das die Intimität eines Zahnarztbesuchs ausstrahlte. „Wie kann ich Ihnen helfen?" fragte er, mit der übertriebenen Freundlichkeit eines Menschen, der für jeden Satz Provision kassiert. „Ich brauche ein Smartphone, das leicht zu bedienen ist", sagte ich.

„Etwas für Menschen, die sich noch an Telefone mit Wählscheibe erinnern."

„Natürlich", sagte er, und seine Augen begannen zu leuchten – nicht aus Verständnis, sondern weil er offenbar bereits mein gesamtes Monatsbudget einkalkulierte. Er drückte mir ein Gerät in die Hand, das so groß war wie mein Kopf und so viele Funktionen hatte, dass ich es vermutlich auch als Satellit hätte verwenden können.

„Das ist das perfekte Gerät für Sie", erklärte er, während er mir enthusiastisch von Dingen wie „Erweiterter Gesichtserkennung" und „Künstlicher Intelligenz" vorschwärmte. „Es versteht Sie, bevor Sie sich selbst verstehen!" Das klang verdächtig nach einem Gerät, das mich irgendwann für inkompetent erklären und gegen ein intelligenteres Herrchen eintauschen würde.

„Das klingt… beeindruckend", sagte ich vorsichtig. „Aber vielleicht etwas weniger Hightech?" Er nickte, verschwand kurz und kehrte mit einem Gerät zurück, das aussah wie ein Retro-Wecker. „Das hier hat weniger Funktionen", sagte er mit einem leicht beleidigten Unterton, als hätte ich ihn gebeten, einen Eimer Wasser mit dem Mund zu transportieren.

Ich entschied mich schließlich für das überdimensionale Modell, hauptsächlich, weil ich nicht den Mut hatte, noch einmal „etwas Einfacheres" zu sagen. Doch der Albtraum begann erst richtig, als ich fragte: „Und wie funktioniert es?"

Der Verkäufer lächelte triumphierend. „Dafür gibt es ein 112-seitiges Handbuch und einen Online-Kurs." Mein Gesichtsausdruck muss irgendwo zwischen Verzweiflung und Panik gelegen haben, denn er fügte hinzu: „Keine Sorge, es ist ganz intuitiv!"

Am Ende verließ ich den Laden mit einem Gerät, das mir angeblich jeden Wunsch von den Augen ablesen konnte – abgesehen von meinem offensichtlichen Wunsch, es einfach benutzen zu können. Zuhause verbrachte ich dann vier Stunden damit, das Handbuch zu studieren, und entdeckte, dass ich das Handy offenbar versehentlich auf Koreanisch eingestellt hatte.

Service mit Psychologie? Ja, bitte – aber nächstes Mal für Menschen wie mich, deren größte technische Errungenschaft bislang darin bestand, eine Glühbirne richtig herum einzuschrauben.

So sollte es sein:

Service ist nicht nur eine Frage der Abläufe, sondern vor allem eine Kunst der kleinen Gesten. Es geht darum, die Bedürfnisse der Menschen zu erkennen, bevor sie überhaupt geäußert werden, und sie so zu begeistern, dass sie sich noch Wochen später an das Erlebnis erinnern. Doch das erfordert nicht nur Fachwissen – es erfordert ein tiefes Verständnis für die menschliche Psyche.

Das wurde mir bewusst, als ich eines Tages in einem Frisörsalon saß, um mir die Haare schneiden zu lassen. Zugegeben, mit meiner bescheidenen Frisur – mehr Kopfhaut als Haar – war das keine große Herausforderung. Doch der Service, den ich dort erlebte, war ein psychologisches Meisterwerk.

Kaum hatte ich Platz genommen, begrüßte mich die Stylistin mit einem strahlenden Lächeln. „Sie sind heute unser wichtigster Kunde!" erklärte sie, als ob ich gerade einen VIP-Ausweis vorgelegt hätte. Sofort fühlte ich mich geschmeichelt.

„Was möchten Sie heute?" fragte sie, obwohl die Antwort angesichts meines geringen Haarvolumens offensichtlich war. Dennoch ließ sie mich reden, nickte verständnisvoll und versicherte mir, dass sie „genau die richtige Idee" hätte, um meinen Typ zu betonen.

Während des Schneidens begann sie ein Gespräch, das so präzise auf mich abgestimmt war, dass ich fast glaubte, sie hätte mein Leben vorher gegoogelt. „Und, wie läuft's mit der Familie?" fragte sie. Als ich ihr erzählte, dass ich zwei Enkel habe, reagierte sie mit einem ehrlichen „Wie schön! Sie sehen aber noch gar nicht wie ein Opa aus!" – eine Bemerkung, die mein Selbstbewusstsein auf einen Gipfel trieb, den ich seit Jahren nicht mehr erklommen hatte.

Am Ende des Termins hatte ich das Gefühl, nicht nur einen Haarschnitt, sondern eine kleine Therapieeinheit bekommen zu haben. Ich verließ den Salon mit einer Haltung, die jedem Filmstar Konkurrenz gemacht hätte – und natürlich einem großzügigen Trinkgeld.

Das Geheimnis? Die Stylistin hatte die Grundlagen der Service-Psychologie gemeistert. Sie verstand, dass Menschen im Kern zwei Dinge wollen: gesehen werden und sich besonders fühlen.

Kapitel 16: Fazit

Service als Erfolgsstrategie

Am Ende bleibt die Erkenntnis: Service ist weit mehr als das freundliche Lächeln an der Kasse oder die schnelle Lieferung eines Pakets. Service ist die unsichtbare DNA eines Unternehmens, die darüber entscheidet, ob Kunden wiederkommen – oder ob sie beim nächsten Mal lieber zur Konkurrenz gehen.

Ich denke zurück an all die Geschichten, die ich erlebt habe: den traumhaften Eisdielenbesuch, die chaotische Online-Bestellung, den empathischen Fahrradladen und den haarscharfen (pun intended) Psychologie-Workshop beim Frisör. Jede dieser Erfahrungen hatte eines gemeinsam: Sie zeigte, dass Service keine Zufallsentscheidung ist. Er ist Strategie, Herzblut und manchmal auch eine kleine Prise Magie.

Doch warum ist Service so entscheidend für den Erfolg? Ganz einfach: Menschen vergessen, was sie gekauft haben – aber sie erinnern sich an das Gefühl, das sie dabei hatten. Der Service, der einem das Gefühl gibt, wichtig zu sein, schafft Loyalität. Und Loyalität ist in der heutigen Zeit, in der ein Klick genügt, um zu einem anderen Anbieter zu wechseln, das höchste Gut.

Ein Unternehmen, das Service nicht nur als Kostenfaktor, sondern als Investition sieht, wird langfristig belohnt. Kunden erzählen von positiven Erlebnissen, empfehlen das Unternehmen weiter und kommen immer wieder zurück. Es ist wie bei einem Lieblingsrestaurant: Man geht nicht nur wegen des Essens hin, sondern wegen der Atmosphäre, der Gastfreundschaft und dem Gefühl, willkommen zu sein.

Doch Service ist auch eine Verpflichtung. Es reicht nicht, ein paar Schulungen abzuhalten oder ein „Serviceversprechen" auf die Website zu schreiben. Es geht darum, eine Servicekultur zu leben, die vom Chef bis zum Praktikanten alle mitreißt. Nur wenn jeder versteht, dass der Kunde der Kern des Unternehmens ist, wird aus Service eine echte Erfolgsstrategie.

Im digitalen Zeitalter kommen neue Herausforderungen hinzu: Die Technologie entwickelt sich rasant, die Kundenansprüche steigen, und die Interaktionen werden zunehmend anonym. Doch genau hier liegt die Chance: Unternehmen, die es schaffen, auch in der digitalen Welt menschliche Nähe zu erzeugen, heben sich von der Masse ab.

Service ist nicht nur eine Strategie, sondern eine Haltung. Es geht darum, Menschen mit Respekt zu begegnen, ihre Bedürfnisse ernst zu nehmen und sie ein Stück weit zu begeistern – sei es mit einer kleinen Geste, einem ehrlichen Lächeln oder einer Lösung, die zeigt: „Wir kümmern uns."

Denn am Ende entscheidet der Service darüber, ob ein Unternehmen scheitert oder erfolgreich ist. Und wenn Service mit Herz gemacht wird, dann ist er nicht nur eine Erfolgsstrategie – sondern auch der Grund, warum wir als Kunden gerne zurückkommen.

Der fachliche Teil

1. Wie man Kunden garantiert in die Flucht schlägt

Kapitel 1: Service als Erfolgsfaktor

- Betone immer, dass Service Nebensache ist – das Produkt verkauft sich von selbst.
- Schiebe schlechten Service auf „Personalmangel" oder „Kostenreduktion".
- Sei überzeugt davon, dass Kunden sowieso keine Alternativen haben.

Kapitel 2: Die Grundlagen – Was ist exzellenter Service?

- Ignoriere Kundenfeedback komplett – du weißt ohnehin besser, was sie wollen.
- Mache keine Anstrengungen für Freundlichkeit – das kostet nur Zeit.
- Verwechsle exzellenten Service mit „billig und schnell".

Kapitel 3: Service beginnt im Inneren – Mitarbeiter als Schlüssel

- Behandle deine Mitarbeiter wie Kostenstellen, nicht wie Menschen.
- Gib ihnen keine Weiterbildungen – sie sollen selbst herausfinden, wie sie Kunden „glücklich machen".
- Kommuniziere nicht klar, was guter Service bedeutet – Chaos fördert Kreativität!

Kapitel 4: Service und Nachhaltigkeit

- Vermeide nachhaltige Optionen und betone, dass es „zu teuer" ist.
- Verpacke alles in Plastik – Hauptsache, es sieht sauber aus.
- Lass die Kunden im Unklaren darüber, woher deine Produkte stammen.

Kapitel 5: Servicekultur international

- Behandle Kunden aus verschiedenen Kulturen alle gleich – Anpassung ist doch Zeitverschwendung.
- Ignoriere kulturelle Unterschiede und beharre auf deinen „eigenen Regeln".
- Verstecke Sprachoptionen tief in den Einstellungen – wer wirklich will, findet sie schon.

Kapitel 6: Kunden verstehen – Empathie und Individualität

- Überhöre Kundenwünsche, sie sind sowieso zu anspruchsvoll.
- Reagiere auf Emotionen mit Gleichgültigkeit oder genervtem Ton.
- Mache keine Anstalten, individuelle Lösungen anzubieten.

Kapitel 7: Emotionen wecken – Service, der begeistert

- Verzichte komplett auf Überraschungen – Kunden sollen nichts erwarten.
- Fokussiere dich auf den Verkauf, nicht auf Begeisterung.
- Ignoriere Gelegenheiten, kleine Gesten zu zeigen, die Kunden in Erinnerung bleiben könnten.

Kapitel 8: Der digitale Service – Kunden online begeistern

- Schaffe eine Webseite, die langsam und unübersichtlich ist.
- Stelle sicher, dass Chatbots nur vorgefertigte und nutzlose Antworten geben.
- Vermeide eine funktionierende Suchfunktion – Kunden sollen ruhig etwas länger suchen.

Kapitel 9: Service im digitalen Zeitalter

- Lass deine digitalen Plattformen veraltet – Innovation kostet nur Geld.
- Stelle sicher, dass keine Verbindung zwischen Online- und Offline-Service besteht.
- Ignoriere moderne Trends wie Apps oder Social Media vollständig.

Kapitel 10: Service als Unternehmenskultur – Kundenorientierung leben

- Erkläre „Kundenorientierung" zur Abteilungssache, nicht zur Unternehmenskultur.
- Bestrafe Mitarbeiter, die Kunden „zu sehr helfen" – das fördert keine Effizienz.
- Kommuniziere nicht, warum Service wichtig ist – das versteht doch jeder.

Kapitel 11: Der Umgang mit Beschwerden – Herausforderungen meistern

- Nimm Beschwerden persönlich und reagiere beleidigt.
- Verspreche Lösungen, die du niemals umsetzt.
- Lass Kunden so lange warten, bis sie die Lust am Beschweren verlieren.

Kapitel 12: Service und Technologie – Innovationen nutzen

- Vermeide neue Technologien, sie sind nur „Spielerei".
- Stelle keine Ressourcen für technische Entwicklungen bereit.
- Ignoriere den Mehrwert, den Technologie für Kunden schaffen könnte.

Kapitel 13: Service in Extremsituationen

- Erkläre in Krisen, dass du „nichts machen kannst".
- Zeige keine Flexibilität bei ungewöhnlichen Problemen.
- Vermeide jede Kommunikation, wenn es brenzlig wird.

Kapitel 14: Service in der globalisierten Welt – Interkulturelle Kompetenz

- Mache dich über kulturelle Besonderheiten lustig – das schafft Sympathie!
- Erwarte, dass Kunden sich deinem Verhalten anpassen.
- Verwechsle Interkulturalität mit „alle mögen deutsches Brot".

Kapitel 15: Die Psychologie des Services

- Manipuliere Kunden durch Angst oder Verwirrung – das steigert kurzfristig die Verkaufszahlen.
- Ignoriere die Macht positiver Emotionen, sie bringen dir kein direktes Geld.
- Zeige keine Wertschätzung, sie wird sowieso nicht bemerkt.

Kapitel 16: Fazit – Service als Erfolgsstrategie

- Sieh Service als unnötigen Kostenfaktor.
- Ignoriere die langfristigen Vorteile von Kundenzufriedenheit.
- Halte am Glauben fest, dass niedrige Preise wichtiger sind als guter Service.

2. Wie man Kunden garantiert gewinnt

Kapitel 1: Service als Erfolgsfaktor

- Erkenne Service als deinen wichtigsten Erfolgsfaktor.
- Verstehe, dass Kundenbindung durch Service entsteht, nicht nur durch das Produkt.
- Sei proaktiv und löse Probleme, bevor Kunden sie ansprechen.

Kapitel 2: Die Grundlagen – Was ist exzellenter Service?

- Höre aktiv zu und nimm Kundenfeedback ernst.
- Strahle Freundlichkeit aus – es kostet nichts, bringt aber viel.
- Biete Qualität und persönliche Lösungen statt 08/15-Ansätze.

Kapitel 3: Service beginnt im Inneren – Mitarbeiter als Schlüssel

- Behandle deine Mitarbeiter wertschätzend – zufriedene Mitarbeiter bedeuten zufriedene Kunden.
- Investiere in regelmäßige Weiterbildungen, um Kompetenz und Motivation zu stärken.
- Definiere klare Standards für guten Service und kommuniziere sie offen.

Kapitel 4: Service und Nachhaltigkeit

- Integriere nachhaltige Optionen, um Umweltbewusstsein zu zeigen.
- Nutze recycelbare Materialien, um Kunden mit gutem Gewissen kaufen zu lassen.
- Informiere transparent über Herkunft und Produktionsweise deiner Produkte.

Kapitel 5: Servicekultur international

- Passe deinen Service an die kulturellen Bedürfnisse der Kunden an.
- Lerne die Eigenheiten verschiedener Kulturen kennen und respektiere sie.
- Mache Sprachoptionen leicht zugänglich, um ein internationales Publikum zu erreichen.

Kapitel 6: Kunden verstehen – Empathie und Individualität

- Höre deinen Kunden aufmerksam zu, um ihre Bedürfnisse zu verstehen.
- Personalisiere deine Angebote und achte auf Details.
- Zeige Empathie, besonders in schwierigen Situationen.

Kapitel 7: Emotionen wecken – Service, der begeistert

- Überrasche Kunden mit kleinen Aufmerksamkeiten oder unerwarteten Extras.
- Schaffe positive Erlebnisse, die Kunden mit deinem Service verbinden.
- Erzähle Geschichten, die Emotionen wecken und inspirieren.

Kapitel 8: Der digitale Service – Kunden online begeistern

- Halte deine Website und Online-Angebote stets aktuell und benutzerfreundlich.
- Reagiere schnell und freundlich auf digitale Anfragen oder Kommentare.
- Nutze innovative Technologien, um ein beeindruckendes Online-Erlebnis zu bieten.

Kapitel 9: Service im digitalen Zeitalter

- Kombiniere menschliche Interaktion mit digitalen Tools für den besten Mix.
- Implementiere Chatbots und KI sinnvoll, um Prozesse zu optimieren.
- Bleibe authentisch und persönlich, auch in der digitalen Welt.

Kapitel 10: Service als Unternehmenskultur – Kundenorientierung leben

- Schaffe eine Unternehmenskultur, in der Service an erster Stelle steht.
- Verankere Kundenorientierung in den Werten und der Vision deines Unternehmens.
- Motiviere alle Mitarbeiter, exzellenten Service als Ziel zu betrachten.

Kapitel 11: Der Umgang mit Beschwerden – Herausforderungen meistern

- Höre Beschwerden geduldig und respektvoll an – sie sind eine Chance zur Verbesserung.
- Bedanke dich für Feedback, auch wenn es kritisch ist.
- Reagiere schnell und biete eine klare, kundenfreundliche Lösung an.

Kapitel 12: Service und Technologie – Innovationen nutzen

- Nutze moderne Technologien, um Serviceprozesse effizienter und kundenfreundlicher zu gestalten.
- Investiere in Tools, die deinen Mitarbeitern den Arbeitsalltag erleichtern.
- Teste neue Technologien mit Kundenfeedback, um sie sinnvoll einzusetzen.

Kapitel 13: Service in Extremsituationen

- Bleibe ruhig und professionell, auch wenn die Situation stressig ist.
- Schaffe klare Handlungsabläufe, um schnell und effektiv reagieren zu können.
- Kommuniziere offen mit Kunden, um Vertrauen zu erhalten und Missverständnisse zu vermeiden.

Kapitel 14: Service in der globalisierten Welt – Interkulturelle Kompetenz

- Sei offen und neugierig gegenüber anderen Kulturen und deren Erwartungen.
- Schaffe ein interkulturell kompetentes Team durch Schulungen und Vielfalt.
- Passe deinen Service flexibel an, um globale Kunden besser anzusprechen.

Kapitel 15: Die Psychologie des Services

- Nutze psychologische Prinzipien wie das Gefühl von Wertschätzung und Zugehörigkeit.
- Verstehe, dass Kunden emotionale Erfahrungen schätzen, nicht nur Produkte.
- Zeige echtes Interesse und baue Vertrauen auf – das schafft langfristige Beziehungen.

Kapitel 16: Fazit – Service als Erfolgsstrategie
Checkliste:

- Stelle den Kunden immer in den Mittelpunkt deiner Strategie.
- Erkenne, dass Service keine Abteilung ist, sondern eine Haltung.
- Messe Erfolg nicht nur an Zahlen, sondern auch an der Kundenzufriedenheit.

3. Service: Von Falsch zu Richtig

Kapitel 1: Service als Erfolgsfaktor

Falscher Service:
1. Überfüllte und chaotische Verkaufsräume
2. Kundenanliegen werden als lästig betrachtet
3. Versprechen werden nicht eingehalten
4. Keine Wertschätzung für Stammkunden

Richtiger Service:
1. Gut organisierte und einladende Verkaufsflächen
2. Kundenanliegen als Chance zur Verbesserung wahrnehmen
3. Ehrliche Kommunikation und Einhaltung von Zusagen
4. Exklusive Angebote und persönliche Ansprache für Stammkunden

Kapitel 2: Die Grundlagen – Was ist exzellenter Service?

Falscher Service:
1. Unklare Definition von exzellentem Service
2. Orientierung nur am Mindeststandard
3. Fokus ausschließlich auf Umsatz statt Kundenzufriedenheit
4. Fehlendes Verständnis für die Bedeutung von Details
5. Service nur reaktiv, statt proaktiv

Richtiger Service:
1. Klare Standards für exzellenten Service definieren
2. Über die Erwartungen des Kunden hinausgehen
3. Kundenbedürfnisse in den Mittelpunkt stellen
4. Auf Details achten und kontinuierlich verbessern
5. Proaktives Handeln und Voraussehen von Kundenbedürfnissen

Kapitel 3: Service beginnt im Inneren – Mitarbeiter als Schlüssel

Falscher Service:
1. Keine Schulung der Mitarbeiter in Servicekompetenzen
2. Mitarbeiter werden nicht wertgeschätzt
3. Fehlende Kommunikation von Servicezielen
4. Ignorieren von Feedback aus dem Team
5. Keine Vorbildfunktion des Managements

Richtiger Service:
1. Schulung und Weiterbildung der Mitarbeiter fördern
2. Mitarbeiter aktiv wertschätzen und motivieren
3. Klare Kommunikation der Serviceziele
4. Offenes Ohr für Feedback der Mitarbeiter
5. Management als Vorbild für exzellenten Service

Kapitel 4: Service und Nachhaltigkeit

Falscher Service:
1. Keine Berücksichtigung nachhaltiger Prozesse
2. Ressourcenverschwendung und Ineffizienz
3. Fehlende Transparenz zur Nachhaltigkeit
4. Ignorieren von Umwelt- und Sozialverantwortung
5. Keine Anpassung an nachhaltige Kundenbedürfnisse

Richtiger Service:
1. Nachhaltige Prozesse und Materialien verwenden
2. Effiziente Ressourcennutzung sicherstellen
3. Transparente Kommunikation zur Nachhaltigkeit
4. Umwelt- und Sozialverantwortung übernehmen
5. Serviceangebote an nachhaltige Erwartungen anpassen

Kapitel 5: Servicekultur international

Falscher Service:
1. Keine Anpassung an kulturelle Unterschiede
2. Sprachbarrieren werden ignoriert
3. Standardisierte Lösungen ohne Lokalisierung
4. Ignorieren von internationalen Service-Trends
5. Fehlender Respekt vor ausländischen Kundenbedürfnissen

Richtiger Service:
1. Sensibilität für kulturelle Unterschiede fördern
2. Mehrsprachigen Kundenservice bereitstellen
3. Produkte und Services lokal anpassen
4. Globale Trends und Best Practices im Blick behalten
5. Respektvoller Umgang mit internationalen Kunden

Kapitel 6: Kunden verstehen – Empathie und Individualität

Falscher Service:
1. Keine individuelle Ansprache der Kunden
2. Fehlende Berücksichtigung von Kundenbedürfnissen
3. Standardlösungen ohne Flexibilität
4. Ignorieren persönlicher Kundenpräferenzen
5. Kein Interesse an langfristigen Kundenbeziehungen

Richtiger Service:
1. Individuelle Ansprache und Beratung der Kunden
2. Kundenbedürfnisse aktiv erfassen und berücksichtigen
3. Flexible und angepasste Lösungen anbieten
4. Kundenpräferenzen respektieren und einbinden
5. Aufbau langfristiger und vertrauensvoller Kundenbeziehungen

Kapitel 7: Emotionen wecken – Service, der begeistert

Falscher Service:
1. Unfreundlicher oder gleichgültiger Umgang mit Kunden
2. Keine emotionale Verbindung zum Kunden
3. Dienstleistungen wirken kalt und unpersönlich
4. Kunden werden nur als Zahlen betrachtet
5. Keine Begeisterung für die eigenen Leistungen

Richtiger Service:
1. Freundlicher und begeisternder Umgang mit Kunden
2. Aufbau einer emotionalen Verbindung durch Empathie
3. Personalisierte und warmherzige Dienstleistungen
4. Kunden als Individuen wahrnehmen und wertschätzen
5. Leidenschaft für exzellenten Service zeigen

Kapitel 8: Der digitale Service – Kunden online begeistern

Falscher Service:
1. Fehlende Online-Präsenz
2. Unzureichende Benutzerfreundlichkeit von Websites
3. Langsame oder nicht funktionierende digitale Tools
4. Keine zeitgemäßen digitalen Kontaktmöglichkeiten
5. Kundenanfragen online ignorieren

Richtiger Service:
1. Professionelle und moderne Online-Präsenz
2. Benutzerfreundliche und ansprechende Websites
3. Schnelle und zuverlässige digitale Tools anbieten
4. Vielseitige und bequeme digitale Kontaktmöglichkeiten
5. Kundenanfragen online zügig und kompetent beantworten

Kapitel 9: Service im digitalen Zeitalter

Falscher Service:
1. Veraltete Technologien behindern den Kundenservice
2. Keine klare Strategie für digitalen Kundenkontakt
3. Kundenanliegen werden in digitalen Kanälen nicht priorisiert
4. Unpersönliche und automatisierte Antworten ohne Mehrwert
5. Keine Integration zwischen Online- und Offline-Service

Richtiger Service:
1. Moderne Technologien gezielt für besseren Service einsetzen
2. Klare Strategie für digitalen Kundenkontakt entwickeln
3. Digitale Anfragen schnell und effektiv bearbeiten
4. Personalisierte und hilfreiche Antworten bieten
5. Nahtlose Integration zwischen Online- und Offline-Service schaffen

Kapitel 10: Service als Unternehmenskultur – Kundenorientierung leben

Falscher Service:
1. Kundenorientierung wird nur als Marketingstrategie betrachtet
2. Mitarbeiter fühlen sich nicht eingebunden
3. Keine konsequente Umsetzung von Kundenfeedback
4. Unternehmensziele stehen über den Kundenbedürfnissen
5. Fehlende Vorbildfunktion durch das Management

Richtiger Service:

1. Kundenorientierung als festen Bestandteil der Unternehmenskultur etablieren
2. Mitarbeiter aktiv in den Serviceprozess einbinden
3. Kundenfeedback konsequent analysieren und umsetzen
4. Unternehmensziele mit Kundenbedürfnissen in Einklang bringen
5. Führungskräfte leben Kundenorientierung vor

Kapitel 11: Der Umgang mit Beschwerden – Herausforderungen meistern

Falscher Service:

1. Beschwerden werden ignoriert oder abgewiesen
2. Mitarbeiter reagieren defensiv oder unfreundlich
3. Keine klaren Prozesse für die Beschwerdebearbeitung
4. Probleme werden nicht nachhaltig gelöst
5. Kunden werden nach einer Beschwerde nicht kontaktiert

Richtiger Service:

1. Beschwerden als Chance zur Verbesserung nutzen
2. Freundliche und professionelle Kommunikation bei Beschwerden
3. Klare und transparente Prozesse für Beschwerdebearbeitung einführen
4. Nachhaltige Lösungen für wiederkehrende Probleme finden
5. Kunden nach einer Beschwerde aktiv kontaktieren und zufriedenstellen

Kapitel 12: Service und Technologie – Innovationen nutzen

Falscher Service:
1. Technologie ersetzt den menschlichen Kontakt komplett
2. Unzureichende Schulung im Umgang mit neuen Technologien
3. Kunden fühlen sich von Innovationen überfordert
4. Datenschutz wird vernachlässigt
5. Technologische Lösungen werden nicht getestet

Richtiger Service:
1. Technologie als Ergänzung zum menschlichen Kontakt einsetzen
2. Mitarbeiter umfassend im Umgang mit neuen Technologien schulen
3. Kundenfreundliche Einführung innovativer Technologien sicherstellen
4. Datenschutz und Sicherheit priorisieren
5. Technologische Lösungen vor dem Einsatz sorgfältig testen

Kapitel 13: Service in Extremsituationen

Falscher Service:
1. Fehlendes Notfallmanagement bei Extremsituationen
2. Kunden werden in Krisen nicht ausreichend informiert
3. Keine Unterstützung bei außergewöhnlichen Kundenanliegen
4. Unsicherheit oder Panik bei Mitarbeitern
5. Schlechte Vorbereitung auf unerwartete Ereignisse

Richtiger Service:
1. Klare Notfallpläne für Extremsituationen entwickeln
2. Kunden regelmäßig und transparent informieren
3. Flexibilität und Kreativität bei außergewöhnlichen Anliegen zeigen
4. Mitarbeiter für Extremsituationen schulen
5. Proaktive Vorbereitung auf unerwartete Ereignisse

Kapitel 14: Service in der globalisierten Welt – Interkulturelle Kompetenz

Falscher Service:
1. Ignorieren kultureller Unterschiede
2. Kundenbedürfnisse in verschiedenen Märkten werden nicht verstanden
3. Unangemessene Kommunikation in interkulturellen Kontexten
4. Stereotype Ansätze statt individueller Lösungen
5. Fehlendes interkulturelles Training für Mitarbeiter

Richtiger Service:
1. Kulturelle Unterschiede respektieren und verstehen
2. Marktspezifische Kundenbedürfnisse analysieren und bedienen
3. Sensible und respektvolle Kommunikation sicherstellen
4. Individuelle und flexible Lösungen statt Stereotypen anbieten
5. Mitarbeiter regelmäßig interkulturell schulen

Kapitel 15: Die Psychologie des Services

Falscher Service:
1. Kein Verständnis für die psychologischen Bedürfnisse der Kunden
2. Mitarbeiter ignorieren nonverbale Signale
3. Keine Schulung in der Kunst des aktiven Zuhörens
4. Emotional distanzierter Umgang mit Kunden
5. Keine Berücksichtigung der Rolle von Vertrauen im Service

Richtiger Service:
1. Psychologische Bedürfnisse der Kunden verstehen und berücksichtigen
2. Nonverbale Signale wahrnehmen und darauf eingehen
3. Mitarbeiter in aktivem Zuhören schulen
4. Emotionale Intelligenz fördern und einsetzen
5. Vertrauen als Grundlage für exzellenten Service aufbauen

4. Praxistipps

Kapitel 1: Service als Erfolgsfaktor

- Analysiere die Erfolgsstories von Unternehmen mit exzellentem Kundenservice.
- Setze dir klare Ziele für die Servicequalität und evaluiere diese regelmäßig.
- Nutze Kundenfeedback, um Schwachstellen zu identifizieren und Verbesserungen umzusetzen.

Kapitel 2: Die Grundlagen – Was ist exzellenter Service?

- Entwickle einen internen Leitfaden für Servicequalität.
- Schulen dein Team regelmäßig zu den Grundlagen der Kundenorientierung.
- Führe Rollenspiele durch, um Standards in der Praxis zu verankern.

Kapitel 3: Service beginnt im Inneren – Mitarbeiter als Schlüssel

- Fördere eine positive Unternehmenskultur durch Wertschätzung und Motivation.
- Investiere in Weiterbildungen und Trainings für deine Mitarbeiter.
- Etabliere regelmäßige Feedbackgespräche, um Mitarbeiterzufriedenheit zu fördern.

Kapitel 4: Service und Nachhaltigkeit

- Implementiere umweltfreundliche Prozesse im Kundenservice.
- Kommuniziere nachhaltige Maßnahmen transparent an deine Kunden.
- Nutze umweltfreundliche Materialien für Kundeninteraktionen, z. B. Verpackungen.

Kapitel 5: Servicekultur international

- Recherchiere kulturelle Unterschiede und passe deinen Service an.
- Führe interkulturelle Trainings für dein Team ein.
- Entwickle Standards, die flexibel genug sind, um lokale Eigenheiten zu berücksichtigen.

Kapitel 6: Kunden verstehen – Empathie und Individualität

- Höre aktiv zu und stelle gezielte Fragen, um Kundenbedürfnisse zu verstehen.
- Passe deinen Service an die individuellen Wünsche des Kunden an.
- Nutze CRM-Systeme, um Kundenhistorien zu dokumentieren und gezielt zu handeln.

Kapitel 7: Emotionen wecken – Service, der begeistert

- Überrasche Kunden mit unerwarteten kleinen Gesten.
- Nutze Storytelling, um emotional mit Kunden zu verbinden.
- Entwickle personalisierte Serviceangebote, die einen "Wow-Effekt" erzielen.

Kapitel 8: Der digitale Service – Kunden online begeistern

- Stelle sicher, dass deine Webseite und Apps benutzerfreundlich sind.
- Implementiere Live-Chat und Chatbots für schnelle Kundenanfragen.
- Nutze Social Media, um mit Kunden in Echtzeit zu interagieren.

Kapitel 9: Service im digitalen Zeitalter

- Automatisiere Routineprozesse, ohne die persönliche Note zu verlieren.
- Verwende Datenanalyse, um Trends und Bedürfnisse vorherzusehen.
- Halte die Balance zwischen digitalem und menschlichem Kontakt.

Kapitel 10: Service als Unternehmenskultur – Kundenorientierung leben

- Führe regelmäßige Workshops zur Kundenorientierung durch.
- Belohne kundenfreundliches Verhalten im Team.
- Schaffe eine Vision, die den Kunden in den Mittelpunkt stellt.

Kapitel 11: Der Umgang mit Beschwerden – Herausforderungen meistern

- Siehe Beschwerden als Chance zur Verbesserung.
- Handle schnell, transparent und kundenorientiert.
- Entwickle ein standardisiertes System zur Bearbeitung von Beschwerden.

Kapitel 12: Service und Technologie – Innovationen nutzen

- Teste neue Technologien wie KI oder Augmented Reality für den Kundenservice.
- Führe Pilotprojekte durch, bevor neue Technologien breit eingesetzt werden.
- Mache Kunden den Nutzen der Technologie klar.

Kapitel 13: Service in Extremsituationen

- Entwickle Krisenmanagementpläne für den Service.
- Schule dein Team auf den Umgang mit Stresssituationen.
- Kommuniziere in Krisen klar und einfühlsam.

Kapitel 14: Service in der globalisierten Welt – Interkulturelle Kompetenz

- Passe deinen Kommunikationsstil an die Kultur des Kunden an.
- Biete mehrsprachigen Kundenservice an.
- Respektiere und berücksichtige kulturelle Besonderheiten.

Kapitel 15: Die Psychologie des Services

- Nutze psychologische Prinzipien wie Reziprozität und soziale Beweise.
- Erkenne emotionale Bedürfnisse und reagiere entsprechend.
- Trainiere dein Team, um die Körpersprache der Kunden besser zu interpretieren.

Kapitel 16: Fazit – Service als Erfolgsstrategie

- Ziehe ein Resümee der erlernten Maßnahmen und optimiere kontinuierlich.
- Setze regelmäßige Evaluierungen und Benchmarks ein.
- Entwickle langfristige Strategien, die den Service als Kern deines Geschäftsmodells verankern.

Kapitel 17: Anhang – Werkzeuge und Inspiration

- Stelle Checklisten für den Alltag bereit.
- Biete Links und Literaturhinweise für weitere Vertiefungen.
- Teile Best-Practice-Beispiele aus der Branche.

5. Checklisten für "Dein" Unternehmen

1. Service als Erfolgsfaktor

- [ ] **Warum ist Service in Deinem Unternehmen wichtig?**
  - [ ] Welche Rolle spielt Service in Deinem Geschäftsmodell?
  - [ ] Gibt es messbare Vorteile durch guten Service, wie Umsatzsteigerung oder Kundenbindung?
- [ ] **Haben wir eine klare Definition von „gutem Service"?**
  - [ ] Gibt es eine Unternehmensvision oder Leitlinie, die den Service beschreibt?
  - [ ] Versteht das gesamte Team, was darunter gemeint ist?

- [ ] **Sind die Bedürfnisse unserer Kunden klar definiert?**

  - [ ] Kennen wir die Erwartungen und Wünsche unserer Zielgruppe?
  - [ ] Werden regelmäßig Kundenfeedback und -daten analysiert?

- [ ] **Wie wird Service aktuell gemessen?**

  - [ ] Nutzen wir Kennzahlen (z. B. Kundenzufriedenheit, NPS)?
  - [ ] Gibt es Feedbackschleifen, um Verbesserungen schnell umzusetzen?

- [ ] **Erkennen wir den langfristigen Wert von exzellentem Service?**

  - [ ] Wird Service als Investition und nicht als Kostenfaktor gesehen?
  - [ ] Gibt es konkrete Beispiele, wie Service unser Unternehmen nachhaltig beeinflusst hat?

2. Grundlagen des exzellenten Service

- [ ] **Gibt es eine einheitliche Definition von exzellentem Service im Unternehmen?**
  - [ ] Haben wir gemeinsam festgelegte Standards?
  - [ ] Sind diese Standards schriftlich dokumentiert und allen Mitarbeitern zugänglich?
- [ ] **Sind unsere Serviceprozesse kundenfreundlich gestaltet?**
  - [ ] Gibt es unnötige Hürden für den Kunden?
  - [ ] Wie einfach ist es für den Kunden, mit uns zu interagieren?
- [ ] **Wird die Qualität unseres Services regelmäßig evaluiert?**
  - [ ] Führen wir interne Audits oder externe Kundenbefragungen durch?
  - [ ] Wie oft werden Verbesserungen auf Basis der Ergebnisse umgesetzt?
- [ ] **Ist unser Service klar von der Konkurrenz abhebbar?**

- [ ] Was macht unseren Service einzigartig?
- [ ] Wie kommunizieren wir diesen Mehrwert an unsere Kunden?
- [ ] **Wird Service im gesamten Unternehmen als Priorität gesehen?**

- [ ] Ist exzellenter Service Teil unserer Unternehmenskultur?
- [ ] Gibt es Schulungen und Weiterbildungen zu diesem Thema?

3. Mitarbeiter und Service

- [ ] **Sind unsere Mitarbeiter für exzellenten Service geschult?**

  - [ ] Gibt es Trainings zu Kommunikations- und Servicefähigkeiten?
  - [ ] Werden neue Mitarbeiter gezielt darauf vorbereitet?

- [ ] **Fühlen sich unsere Mitarbeiter wertgeschätzt?**

  - [ ] Gibt es Programme zur Anerkennung von guter Arbeit?
  - [ ] Werden Vorschläge der Mitarbeiter ernst genommen und umgesetzt?

- [ ] **Haben unsere Mitarbeiter die Mittel, um guten Service zu leisten?**

  - [ ] Sind genügend Ressourcen und Werkzeuge vorhanden?
  - [ ] Gibt es klare Anweisungen und Richtlinien?

- [ ] **Ist die interne Kommunikation effektiv?**

  - [ ] Werden Informationen schnell und klar weitergegeben?

- [ ] Gibt es Möglichkeiten für Feedback und Austausch?

- [ ] **Sind unsere Mitarbeiter motiviert, Kunden zu begeistern?**

  - [ ] Was tun wir, um die Motivation zu steigern?
  - [ ] Gibt es Belohnungen oder Anreize für herausragenden Service?

4. Nachhaltigkeit im Service

- [ ] **Sind unsere Serviceprozesse umweltfreundlich?**
  - [ ] Nutzen wir nachhaltige Materialien und Ressourcen?
  - [ ] Reduzieren wir Energieverbrauch und Abfälle?
- [ ] **Kommunizieren wir unsere Nachhaltigkeitsbemühungen an die Kunden?**
  - [ ] Wissen Kunden, wie wir uns für Umwelt und Gesellschaft engagieren?
  - [ ] Werden nachhaltige Angebote klar gekennzeichnet?
- [ ] **Unterstützen wir Lieferanten und Partner mit nachhaltigen Ansätzen?**
  - [ ] Sind unsere Partner ebenfalls auf Nachhaltigkeit bedacht?
  - [ ] Werden faire Arbeitsbedingungen gefördert?
- [ ] **Bieten wir nachhaltige Alternativen an?**

- ☐ Gibt es umweltfreundliche Optionen für unsere Produkte oder Dienstleistungen?
- ☐ Wie einfach ist es für Kunden, diese zu wählen?
- ☐ **Wird Nachhaltigkeit im Unternehmen als Teil der Servicekultur gelebt?**

  - ☐ Gibt es Leitlinien oder Programme für nachhaltiges Handeln?
  - ☐ Ist Nachhaltigkeit ein Kriterium bei der Planung neuer Services?

5. Servicekultur international

- [ ] **Verstehen wir die kulturellen Erwartungen unserer internationalen Kunden?**

    - [ ] Gibt es Trainings zu interkultureller Kompetenz?
    - [ ] Wie passen wir unsere Services an unterschiedliche Kulturen an?

- [ ] **Kommunizieren wir in der richtigen Sprache und mit angemessenen Medien?**

    - [ ] Werden relevante Sprachen und Plattformen genutzt?
    - [ ] Sind unsere Botschaften kulturell sensibel?

- [ ] **Haben wir Mitarbeiter mit interkultureller Erfahrung?**

    - [ ] Gibt es Experten für bestimmte Regionen oder Kulturen?
    - [ ] Werden solche Kenntnisse aktiv gefördert?

- [ ] **Sind unsere Produkte und Services international flexibel?**
    - [ ] Können sie leicht an lokale Gegebenheiten angepasst werden?
    - [ ] Gibt es Unterschiede im Serviceprozess je nach Region?
- [ ] **Wie gehen wir mit interkulturellen Missverständnissen um?**
    - [ ] Gibt es Richtlinien für Konfliktlösungen?
    - [ ] Werden Missverständnisse als Lernchancen genutzt?

6. Kunden verstehen – Empathie und Individualität

- [ ] **Kennen wir die Bedürfnisse und Erwartungen unserer Kunden?**

    - [ ] Gibt es konkrete Kundenprofile oder Personas?
    - [ ] Werden Daten regelmäßig aktualisiert und analysiert?

- [ ] **Sind unsere Mitarbeiter in Empathie geschult?**

    - [ ] Gibt es Workshops oder Trainings zur Steigerung der emotionalen Intelligenz?
    - [ ] Wie wird diese Kompetenz im Alltag gefördert?

- [ ] **Können wir flexibel auf individuelle Kundenwünsche eingehen?**

    - [ ] Sind unsere Prozesse anpassungsfähig?
    - [ ] Gibt es Spielraum für kreative Lösungen?

- [ ] **Hören wir aktiv auf das Feedback unserer Kunden?**

    - [ ] Wie erfassen wir konstruktive Kritik?
    - [ ] Werden Anpassungen schnell umgesetzt?
- [ ] **Bieten wir personalisierte Erlebnisse für unsere Kunden?**

    - [ ] Gibt es gezielte Angebote, die sich an individuellen Vorlieben orientieren?
    - [ ] Nutzen wir Technologie, um Personalisierung zu ermöglichen?

7. Emotionen wecken – Service, der begeistert

- [ ] **Haben wir eine klare Strategie, um Kunden zu begeistern?**
  - [ ] Gibt es besondere "Wow-Momente", die wir gezielt einbauen?
  - [ ] Werden diese Erlebnisse geplant und evaluiert?
- [ ] **Sind unsere Mitarbeiter in der Lage, Emotionen positiv zu beeinflussen?**
  - [ ] Gibt es Schulungen zu Mimik, Gestik und Sprache?
  - [ ] Wie gehen wir mit schwierigen Situationen emotional klug um?
- [ ] **Erzählen unsere Kunden positive Geschichten über uns?**
  - [ ] Wie aktivieren wir "Word of Mouth"-Effekte?
  - [ ] Werden diese Geschichten intern geteilt?
- [ ] **Nutzen wir visuelle und emotionale Elemente in unserer Kommunikation?**

- [ ] Sind unsere Räume, Materialien oder Plattformen emotional ansprechend gestaltet?
- [ ] Welche Gefühle sollen wir bei unseren Kunden hervorrufen?
- [ ] **Bieten wir einzigartige Erlebnisse, die im Gedächtnis bleiben?**

- [ ] Gibt es Rituale, Traditionen oder individuelle Ansätze?
- [ ] Wie machen wir diese Erlebnisse messbar?

8. Der digitale Service – Kunden online begeistern

- ☐ **Sind unsere digitalen Kanäle benutzerfreundlich gestaltet?**

  - ☐ Wie einfach ist es, unsere Website oder App zu nutzen?
  - ☐ Werden Nutzer durch klare Menüs und Inhalte geleitet?

- ☐ **Sind wir auf den relevanten Plattformen vertreten?**

  - ☐ Nutzen wir Social Media, um Kundenanliegen schnell zu bearbeiten?
  - ☐ Gibt es Chatbots oder andere Tools für den Support?

- ☐ **Bieten wir Echtzeit-Lösungen an?**

  - ☐ Wie schnell reagieren wir auf Kundenanfragen?
  - ☐ Gibt es Self-Service-Möglichkeiten?

- [ ] **Wie sammeln wir Feedback zu unserem digitalen Service?**

    - [ ] Gibt es Surveys oder Bewertungsfunktionen?
    - [ ] Werden diese Daten ausgewertet und genutzt?
- [ ] **Nutzen wir Technologie, um zu begeistern?**

    - [ ] Gibt es AR/VR-Optionen, personalisierte Inhalte oder interaktive Features?
    - [ ] Wie setzen wir Innovationen gezielt ein?

9. Service im digitalen Zeitalter

☐ **Haben wir eine klare Digitalstrategie?**

    ☐ Gibt es eine Vision für digitalen Service?
    ☐ Sind alle Mitarbeiter über diese Strategie informiert?

☐ **Sind unsere Daten sicher und transparent verarbeitet?**

    ☐ Gibt es Datenschutzrichtlinien, die klar kommuniziert werden?
    ☐ Wie schützen wir Kundendaten effektiv?

☐ **Nutzen wir Daten, um personalisierte Services anzubieten?**

    ☐ Gibt es KI-gestützte Empfehlungen oder dynamische Inhalte?
    ☐ Wie reagieren wir auf Trends in Echtzeit?

☐ **Sind unsere Mitarbeiter für digitale Tools geschult?**

    ☐ Gibt es Fortbildungen zu neuen Technologien?

- ☐ Wie unterstützen wir die digitale Transformation?

☐ **Wie messen wir den Erfolg unserer digitalen Services?**

- ☐ Gibt es Kennzahlen wie Nutzungsraten oder Conversion Rates?
- ☐ Wie schnell setzen wir Verbesserungen um?

10. Service als Unternehmenskultur – Kundenorientierung leben

---

- ☐ **Ist Service Teil unserer Mission und Vision?**
  - ☐ Wie wird dieser Gedanke nach außen und innen kommuniziert?
  - ☐ Werden diese Werte konsequent gelebt?
- ☐ **Gibt es Vorbilder innerhalb des Unternehmens, die Servicekultur vorleben?**
  - ☐ Wer sind die internen „Service-Champions"?
  - ☐ Wie können sie andere Mitarbeiter inspirieren?
- ☐ **Wird die Kundenorientierung regelmäßig betont und gefördert?**
  - ☐ Gibt es interne Workshops oder Programme?
  - ☐ Wird Kundenfeedback offen besprochen?
- ☐ **Ist die Servicekultur in allen Abteilungen verankert?**

- [ ] Arbeiten alle Teams, auch Backoffice-Bereiche, kundenorientiert?
- [ ] Gibt es eine bereichsübergreifende Zusammenarbeit?
- [ ] **Werden Mitarbeiter aktiv in die Weiterentwicklung der Servicekultur einbezogen?**

- [ ] Gibt es Plattformen für Vorschläge und Ideen?
- [ ] Wie werden erfolgreiche Ideen gewürdigt?

11. Der Umgang mit Beschwerden – Herausforderungen meistern

- ☐ **Gibt es klare Prozesse für den Umgang mit Beschwerden?**

    - ☐ Sind alle Mitarbeiter mit diesen Prozessen vertraut?
    - ☐ Werden Beschwerden schnell und strukturiert bearbeitet?
- ☐ **Werden Beschwerden als Chance gesehen?**

    - ☐ Wie nutzen wir Beschwerden, um Verbesserungen einzuleiten?
    - ☐ Gibt es Erfolgsgeschichten, die aus Kritik entstanden sind?
- ☐ **Ist unser Beschwerdemanagement kundenfreundlich?**

    - ☐ Wie einfach ist es für Kunden, Beschwerden vorzubringen?
    - ☐ Werden Kunden während des Prozesses ausreichend informiert?

- [ ] **Werden Mitarbeiter geschult, professionell mit Beschwerden umzugehen?**

  - [ ] Gibt es Trainings für Konfliktmanagement und Deeskalation?
  - [ ] Wie unterstützen wir Mitarbeiter in schwierigen Situationen?

- [ ] **Gibt es eine Feedbackschleife, um aus Beschwerden zu lernen?**

  - [ ] Werden Ergebnisse analysiert und kommuniziert?
  - [ ] Wie fließen Erkenntnisse in die Verbesserung von Produkten oder Services ein?

12. Service und Technologie – Innovationen nutzen

- [ ] **Nutzen wir aktuelle Technologien, um den Service zu verbessern?**

  - [ ] Gibt es automatisierte Systeme wie Chatbots oder KI-Tools?
  - [ ] Wie effektiv sind diese Technologien?
- [ ] **Sind unsere Technologien benutzerfreundlich?**

  - [ ] Werden Kunden durch klare Interfaces und einfache Bedienung unterstützt?
  - [ ] Gibt es Barrieren, die beseitigt werden sollten?
- [ ] **Werden Technologien sinnvoll eingesetzt, um Mitarbeiter zu entlasten?**

  - [ ] Wie verbessern Automatisierungen interne Prozesse?
  - [ ] Werden Mitarbeiter in der Nutzung geschult?
- [ ] **Bleiben wir technologisch am Puls der Zeit?**

  - [ ] Wie oft überprüfen wir neue Entwicklungen?

- [ ] Gibt es ein Budget für Innovationen?
- [ ] **Wie messen wir den Erfolg von technologischen Implementierungen?**

  - [ ] Gibt es klare KPIs oder Feedbackschleifen?
  - [ ] Werden Kunden in die Bewertung einbezogen?

13. Service in Extremsituationen

- ☐ **Gibt es Krisenpläne für den Service?**

  - ☐ Sind diese Pläne schriftlich festgehalten?
  - ☐ Wurden sie mit allen relevanten Teams kommuniziert?

- ☐ **Sind unsere Mitarbeiter auf Krisensituationen vorbereitet?**

  - ☐ Gibt es Simulationen oder Übungen?
  - ☐ Werden Lessons Learned dokumentiert?

- ☐ **Wie bleibt der Kundenservice auch in Extremsituationen stabil?**

  - ☐ Gibt es Notfall-Prozesse für wichtige Abläufe?
  - ☐ Wie stellen wir Kommunikation sicher?

- [ ] **Wie reagieren wir auf unerwartete Ereignisse?**

    - [ ] Gibt es ein Team, das kurzfristig Entscheidungen treffen kann?
    - [ ] Wie schnell können wir unsere Prozesse anpassen?
- [ ] **Wird nach einer Extremsituation reflektiert?**

    - [ ] Wie analysieren wir unsere Leistung?
    - [ ] Gibt es konkrete Verbesserungsmaßnahmen?

14. Service in der globalisierten Welt – Interkulturelle Kompetenz

- [ ] **Sind unsere Mitarbeiter interkulturell geschult?**

  - [ ] Gibt es Trainings oder Workshops?
  - [ ] Werden spezifische Kulturen gezielt thematisiert?

- [ ] **Wie passen wir unseren Service an unterschiedliche Kulturen an?**

  - [ ] Gibt es flexible Prozesse?
  - [ ] Sind unsere Kommunikation und Materialien anpassungsfähig?

- [ ] **Verstehen wir die Erwartungen internationaler Kunden?**

  - [ ] Nutzen wir Feedback, um diese Erwartungen besser zu verstehen?
  - [ ] Werden kulturelle Unterschiede in den Prozessen berücksichtigt?

- [ ] **Wie pflegen wir internationale Beziehungen?**

  - [ ] Gibt es langfristige Strategien für globale Kundenbindung?

- [ ] Werden kulturelle Feiertage oder Traditionen gewürdigt?
- [ ] **Werden interkulturelle Herausforderungen offen besprochen?**

- [ ] Gibt es Plattformen für den Austausch von Erfahrungen?
- [ ] Wie werden Probleme gelöst?

15. Die Psychologie des Services

- [ ] **Verstehen wir die grundlegenden Bedürfnisse unserer Kunden?**

  - [ ] Nutzen wir psychologische Modelle wie die Maslow-Pyramide?
  - [ ] Wie wenden wir diese Erkenntnisse im Service an?

- [ ] **Wie schaffen wir Vertrauen und Sympathie?**

  - [ ] Gibt es spezifische Maßnahmen zur Vertrauensbildung?
  - [ ] Wie setzen wir positive Kommunikation gezielt ein?

- [ ] **Sind unsere Mitarbeiter emotional intelligent?**

  - [ ] Gibt es Schulungen zur Verbesserung der Empathie?
  - [ ] Werden emotionale Kompetenzen bei der Einstellung berücksichtigt?

- [ ] **Wie nutzen wir positive Verstärkung im Kundenkontakt?**

    - [ ] Gibt es Belohnungen oder Anreize für Kunden?
    - [ ] Wie verstärken wir positives Verhalten bei unseren Mitarbeitern?
- [ ] **Wie gehen wir mit schwierigen Emotionen um?**

    - [ ] Gibt es Strategien für den Umgang mit ärgerlichen oder gestressten Kunden?
    - [ ] Wie helfen wir Mitarbeitern, ihre eigenen Emotionen zu regulieren?

16. Fazit – Service als Erfolgsstrategie

☐ **Sind die wichtigsten Erfolgsfaktoren unseres Services klar definiert?**

    ☐ Welche Punkte zeichnen uns aus?

    ☐ Werden diese gezielt kommuniziert?

☐ **Gibt es eine langfristige Vision für unseren Service?**

    ☐ Wie setzen wir diese Vision in konkrete Ziele um?

    ☐ Wird die Vision regelmäßig überprüft und angepasst?

☐ **Wie stellen wir sicher, dass unser Service innovativ bleibt?**

    ☐ Gibt es Plattformen für neue Ideen?

    ☐ Werden Innovationen ausreichend gefördert?

☐ **Wie messen wir den Erfolg unserer Servicebemühungen?**

    ☐ Gibt es klare KPIs und Zielvorgaben?

    ☐ Werden Erfolge angemessen gefeiert?

☐ **Ist der Servicegedanke im gesamten Unternehmen verankert?**

☐ Wie können wir alle Mitarbeiter für diesen Gedanken begeistern?
☐ Gibt es interne Erfolgsgeschichten, die geteilt werden?

6. Statistiken

zur Bedeutung von Service

- **Kundentreue und Servicequalität** :
    - **96 % der Kunden verlassen ein Unternehmen aufgrund schlechter Serviceerfahrungen** , selbst wenn sie das Produkt mögen. (Quelle: Microsoft Global Customer Service Report)
    - **67 % der Kunden** sind bereit, mehr für ein Produkt oder eine Dienstleistung zu zahlen, wenn sie eine außergewöhnliche Serviceerfahrung erhalten. (Quelle: Salesforce State of the Connected Customer Report)
- **Kosten der Kundenabwanderung** :
    - **Ein unzufriedener Kunde erzählt durchschnittlich 9-15 Personen aus einer schlechten Erfahrung.** (Quelle: Büro für Verbraucherangelegenheiten des Weißen Hauses)
    - Unternehmen verlieren jährlich rund **62 Milliarden US-Dollar** aufgrund eines schlechten Kundenservices. (Quelle: NewVoiceMedia)

- **Einfluss auf Kaufentscheidungen** :
  - **90 % der Kunden** geben an, dass der Kundenservice ein wichtiger Faktor bei der Wahl eines Unternehmens ist. (Quelle: HubSpot)
  - **81 % der Verbraucher** treffen eine Kaufentscheidung basierend auf dem Service, den sie erleben. (Quelle: PwC Future of Customer Experience-Umfrage)
- **Studien- und Forschungsergebnisse**
- **Emotionen und Kundenbindung** :
  - Studien von **Harvard Business Review** zeigen, dass die emotionale Bindung zu Kunden die Loyalität um 52 % erhöht und den Umsatz um 23 % steigert.
  - Emotionale Faktoren wie Vertrauen und Wertschätzung beeinflussen Kaufentscheidungen oft stärker als der Preis oder die Produktqualität.
- **Service und langfristiger Erfolg** :
  - Laut **Forrester Research** erhöhen Unternehmen mit einem Fokus auf Kundenzufriedenheit ihre Einnahmen um **bis zu 17 % jährlich** im Vergleich zu Unternehmen, die sich auf Kostensenkung konzentrieren.

- **Schnelligkeit und Effizienz** :
  - ○ Laut einer Studie von **Zendesk** erwarten **69 % der Kunden** eine Antwort innerhalb von 24 Stunden. Unternehmen, die schneller reagieren, erreichen eine **höhere Kundenzufriedenheit von bis zu 89 %** .
- **Wissenschaftliche Erkenntnisse**
- **Paradoxon der Servicewiederherstellung** :
  - ○ Forschungen zeigen, dass ein gut gelöstes Problem die Kundenbindung sogar stärken kann, als wenn das Problem nie aufgetreten wäre. Dies wird als „**Service Recovery Paradox**" bezeichnet.
- **Psychologie des Dienstes** :
  - ○ Eine Studie der **American Psychological Association** zeigt, dass Menschen sich an Emotionen erinnern, die sie bei einem Serviceerlebnis empfanden, und nicht nur an die Fakten. Positive Erfahrungen schaffen daher eine stärkere Verbindung.
- **Potenzielle Integration im Buch**
- **Statistik zur Kundentreue** könnte im Kapitel über Kundenbindung eingebaut werden.
- Das Konzept des **Service Recovery Paradox** wäre ideal für das Kapitel über den Umgang mit Beschwerden.

- Emotionale Bindung und deren Auswirkungen könnten die Bedeutung von „Service, der begeistert" untermauern.
- Das Konzept des **Service Recovery Paradox (SRP)** beschreibt eine Situation, in der Kunden nach der erfolgreichen Wiedergutmachung eines Servicefehlers zufriedener sind als Kunden, die von Anfang an keine Probleme hatten. Es beruht auf der Idee, dass eine gut gemachte Fehlerbehebung das Vertrauen und die Bindung des Kunden stärken kann.

Damit das SRP eintritt, müssen bestimmte Bedingungen erfüllt sein:

1. Der Fehler muss vom Unternehmen schnell und kompetent behoben werden.
2. Der Kunde sollte den Eindruck haben, dass das Unternehmen sich besonders um ihn bemüht.
3. Die Wiedergutmachung sollte das ursprüngliche Problem übertreffen, z. B. durch Entschuldigungen, Kulanz oder zusätzliche Leistungen.

Das Paradox funktioniert jedoch nur in bestimmten Situationen und bei geringfügigen Fehlern – gravierende Probleme können die Kundenbindung trotz Wiedergutmachung negativ beeinflussen.

7. Zitate

Zitate von Experten zum Thema Service

1. **Richard Branson (Virgin Group):**
   „Kümmere dich um deine Mitarbeiter, und sie werden sich um deine Kunden kümmern."

2. **Jeff Bezos (Amazon):**
   „Wir sehen unsere Kunden als Gäste zu einer Party, und wir sind die Gastgeber." Unsere Aufgabe ist es, jeden wichtigen Aspekt der Kundenerfahrung ein wenig besser zu machen."

3. **Tony Hsieh (Zappos):**
   „Kundenservice ist nicht nur eine Abteilung, sondern die Aufgabe des gesamten Unternehmens."

4. **Herb Kelleher (Southwest Airlines):**
   „Es geht nicht darum, außergewöhnlich zu sein, wenn alles glatt läuft." Der wahre Service zeigt sich, wenn etwas schiefläuft."

5. **Sam Walton (Walmart):**
   „Es gibt nur einen Boss – den Kunden." Und er kann jeden im Unternehmen feuern, vom CEO abwärts, indem er sein Geld ausgibt."

Kundenperspektiven (fiktive Zitate, basierend auf typischen Aussagen)

1. „Ich erinnerte mich nicht, wie viel ich bezahlt habe, aber ich erinnerte mich daran, wie gut ich behandelt wurde." – Stammkunde eines Familienhotels.

2. „Es war nur ein kleiner Fehler, aber die Art, wie man sich darum gekümmert hat, hat mich wirklich überzeugt." – Kunde nach einer erfolgreichen Beschwerdebehandlung.

3. „Ich komme immer wieder zurück, weil ich hier nicht nur ein Kunde bin, sondern wie ein Freund behandelt werde." – Langjähriger Gast eines Cafés.

4. „Es sind die kleinen Dinge, wie das freundliche ‚Danke' oder das Lächeln, die mich wirklich schätzen lassen, was Sie tun." – Online-Bester.

5. „Ich dachte, ich würde nur ein Produkt kaufen, aber ich bekam eine Erfahrung, die ich nicht vergessen werde." – Zufriedener Kunde eines Premium-Anbieters.

8. Glossar

Glossar – Wichtige Begriffe im Service

A

- **Aktives Zuhören:** Eine Technik, bei der der Gesprächspartner bewusst wahrgenommen und seine Aussagen paraphrasiert werden, um Verständnis zu zeigen und Vertrauen aufzubauen.

B

- **Beschwerdemanagement:** Der strukturierte Umgang mit Kundenbeschwerden, um Probleme zu lösen, die Kundenzufriedenheit zu erhöhen und Lernprozesse im Unternehmen zu fördern.

C

- **CRM (Customer Relationship Management):** Ein System zur Verwaltung von Kundenbeziehungen, das dabei hilft, Daten zu organisieren, Kundeninteraktionen zu analysieren und personalisierten Service anzubieten.

D

- **Dienstleistungsqualität:** Die Gesamtheit der Eigenschaften einer Dienstleistung, die ihre Fähigkeit bestimmen, die Erwartungen der Kunden zu erfüllen.

E

- **Empathie:** Die Fähigkeit, sich in die Perspektive und Gefühle eines anderen hineinzuversetzen, um ein besseres Verständnis und eine stärkere Verbindung zu schaffen.

F

- **Feedback:** Rückmeldungen von Kunden, die zur Bewertung und Verbesserung von Produkten, Dienstleistungen und Prozessen genutzt werden.

K

- **Kundenzufriedenheit:** Ein Maß dafür, wie gut die Erwartungen eines Kunden durch ein Produkt, eine Dienstleistung oder eine Interaktion erfüllt werden.

L

- **Loyalität:** Die Bindung eines Kunden an eine Marke oder ein Unternehmen, oft geprägt durch wiederholte positive Erfahrungen und Vertrauen.

P

- **Personalisierung:** Die Anpassung von Produkten, Dienstleistungen oder Kommunikation an die individuellen Bedürfnisse und Präferenzen eines Kunden.

S

- **Servicekultur:** Die gelebte Einstellung und Werte eines Unternehmens, die sich auf den Umgang mit Kunden und die Qualität des Service auswirken.
- **Service Recovery Paradox:** Ein Phänomen, bei dem ein Kunde nach der erfolgreichen Lösung eines Problems zufriedener ist als ein Kunde, der nie ein Problem hatte.

T

- **Touchpoints:** Berührungspunkte zwischen Kunde und Unternehmen, an denen Serviceerfahrungen gemacht werden (z. B. Website, Hotline, Filiale).

U

- **Upselling:** Eine Verkaufstechnik, bei der dem Kunden höherwertige oder zusätzliche Produkte und Dienstleistungen angeboten werden.

Z

- **Zielgruppenorientierung:** Die Anpassung von Angeboten und Kommunikation an die spezifischen Bedürfnisse und Erwartungen einer definierten Kundengruppe.

9. Witze

Kapitel 1: Service als Erfolgsfaktor

„Ein Kunde kommt in ein Geschäft und fragt: ‚Entschuldigung, haben Sie Service?' Der Verkäufer schaut ihn an und sagt: ‚Nein, aber ich kann Ihnen ein Rabattheft anbieten.'"

Kapitel 2: Die Grundlagen – Was ist exzellenter Service?

„Ein Mann ruft beim Kundenservice an: ‚Ich habe ein Problem mit meinem Staubsauger.' Der Mitarbeiter: ‚Haben Sie ihn schon mal aus- und wieder eingesteckt?' Der Mann: ‚Es ist ein Besen.'"

Kapitel 3: Service beginnt im Inneren – Mitarbeiter als Schlüssel

„Warum wechseln Callcenter-Mitarbeiter nie Glühbirnen? Weil sie nur sagen: ‚Wir verstehen Ihr Problem, aber das ist nicht unsere Abteilung.'"

Kapitel 4: Service und Nachhaltigkeit

„Ein Restaurant wirbt mit ‚Zero-Waste-Service'. Der Kellner bringt dem Gast die Rechnung und sagt: ‚Wir haben uns gedacht, Sie wollen sicher auch das Trinkgeld sparen.'"

Kapitel 5: Servicekultur international

„In Deutschland fragt der Kellner: ‚Hat alles geschmeckt?' In Frankreich: ‚Was kann ich Ihnen bringen?' Und in Italien: ‚Sind Sie sicher, dass Sie nicht noch etwas essen wollen?'"

Kapitel 6: Kunden verstehen – Empathie und Individualität

„Ein Kunde sagt: ‚Ich brauche einen schwarzen Anzug für eine Beerdigung.' Der Verkäufer: ‚Oh, das ist schwer. Vielleicht können wir einen grauen nehmen und ihn traurig färben?'"

Kapitel 7: Emotionen wecken – Service, der begeistert

„Ein Mann bestellt im Restaurant: ‚Ich hätte gern ein Steak.' Der Kellner: ‚Und wie mögen Sie es?' Der Mann: ‚Mit einem Kompliment serviert.'"

Kapitel 8: Der digitale Service – Kunden online begeistern

„Der Chatbot sagt: ‚Ich verstehe Ihre Anfrage nicht.' Der Kunde: ‚Ich auch nicht, aber wenigstens sind wir ehrlich zueinander.'"

Kapitel 9: Service im digitalen Zeitalter – Social Media und Bewertungsportale

„Ein Restaurantbesitzer fragt einen Stammgast: ‚Warum schreiben Sie keine Bewertung über uns?' Der Gast: ‚Ich will doch nicht, dass die Leute hierherkommen und alles voll machen.'"

Kapitel 10: Service als Unternehmensstruktur – Kundenorientierung leben

„Ein Manager erklärt: ‚Unsere Unternehmensphilosophie ist ‚Der Kunde zuerst!'' Ein Mitarbeiter murmelt: ‚Ja, direkt nach dem Chef, den Aktionären und der Kantine.'"

Kapitel 11: Der Umgang mit Beschwerden – Herausforderungen meistern

„Kunde: ‚Der Fisch war nicht frisch.' Kellner: ‚Das behauptet der Koch auch, aber der Fisch kann sich nicht beschweren.'"

Kapitel 12: Service und Technologie – Innovationen nutzen

„Warum lieben Kunden automatisierte Systeme? Weil sie endlich das Gefühl haben, dass die Maschine sie genauso wenig versteht wie der Mensch vorher."

Kapitel 13: Service in Extremsituationen

„Ansage am Flughafen: ‚Wir bitten um Geduld. Ihre Beschwerden sind uns wichtig, und wir bearbeiten sie – sobald wir wieder fliegen dürfen.'"

Kapitel 14: Service in der globalisierten Welt – Interkulturelle Kompetenz

„In den USA fragt der Kellner: ‚Hi, how are you?' In Deutschland: ‚Was wollen Sie?' Und in Japan: ‚Ist diese Platzierung der Serviette für Sie in Ordnung?'"

Kapitel 15: Die Psychologie des Services

„Warum sind Verkäufer so gute Psychologen? Weil sie wissen, dass die Kunden immer ‚nur mal gucken' wollen – bis sie mit vollen Taschen gehen."

10. Schlussbemerkungen

Schlusswort: Warum Service der Schlüssel zum Erfolg ist

Service ist weit mehr als eine Abteilung, ein Prozess oder eine nette Geste – Service ist die Essenz, die den Unterschied macht. In einer Welt, in der Produkte und Preise immer austauschbarer werden, ist es der Service, der einem Unternehmen eine einzigartige Identität verleiht. Er ist das unsichtbare Band, das Kunden mit Marken verbindet, das Vertrauen schafft und das Menschen dazu bringt, nicht nur einmal zu kaufen, sondern immer wieder zurückzukehren.

Service ist Emotion

Guter Service spricht die tiefsten menschlichen Bedürfnisse an: das Bedürfnis, verstanden, wertgeschätzt und respektiert zu werden. Er geht über das rein Funktionale hinaus und schafft emotionale Erlebnisse, die Kunden langfristig im Gedächtnis bleiben. Ein Lächeln, ein persönliches Wort, eine unerwartete Geste – oft sind es die kleinen Dinge, die den größten Unterschied machen. Service ist das, was aus einem simplen Kauf ein unvergessliches Erlebnis macht.

Service ist Vertrauen

In einer zunehmend digitalen und anonymen Welt ist Vertrauen die wichtigste Währung. Kunden wollen sich sicher sein, dass sie auf ein Unternehmen zählen können – sei es bei der Produktqualität, der Lösungsfindung oder der Zuverlässigkeit im Umgang mit Problemen. Service baut dieses Vertrauen auf und festigt es. Und in schwierigen Momenten, wenn etwas schiefgeht, zeigt sich wahre Größe: Es ist die Art und Weise, wie Unternehmen mit Fehlern umgehen, die das Vertrauen entweder zerstört oder für immer stärkt.

Service ist Bindung

Kunden sind nicht loyal gegenüber Produkten oder Marken – sie sind loyal gegenüber Erlebnissen, die sie begeistern. Ein Unternehmen, das seine Kunden nicht nur zufriedenstellt, sondern begeistert, schafft eine emotionale Bindung, die tiefer geht als jede Preisdiskussion. Diese Bindung ist die Grundlage für Empfehlungen, Wiederkäufe und eine langfristige Partnerschaft. Kunden, die sich wertgeschätzt fühlen, werden zu Markenbotschaftern, die ihre positiven Erfahrungen gerne weitergeben.

Service ist Innovation

Guter Service bleibt niemals stehen. Er entwickelt sich weiter, passt sich den Bedürfnissen der Kunden an und nutzt die Chancen neuer Technologien. Unternehmen, die offen für Veränderungen sind und Kundenfeedback als Quelle für Innovation begreifen, können sich kontinuierlich verbessern. Service ist somit nicht nur ein Reaktionsfeld, sondern auch ein Innovationsmotor, der Unternehmen antreibt, die Wünsche von morgen schon heute zu erfüllen.

Service ist Unternehmenskultur

Exzellenter Service beginnt nicht bei den Kunden, sondern im Inneren eines Unternehmens. Eine starke Servicekultur, die von den Führungskräften vorgelebt und von allen Mitarbeitern getragen wird, ist das Fundament für langfristigen Erfolg. Zufriedene, motivierte Mitarbeiter, die sich mit ihrem Unternehmen identifizieren, sind die wahren Helden des Service. Ihre Leidenschaft und Begeisterung sind ansteckend – und das spüren die Kunden.

Service ist Zukunft

Die Welt verändert sich, die Kunden verändern sich – doch eines bleibt konstant: der Wunsch nach gutem

Service. Unternehmen, die diesen Wunsch ernst nehmen, schaffen nicht nur zufriedene Kunden, sondern auch eine starke Position in einer immer komplexeren und wettbewerbsintensiveren Welt. Service ist nicht nur eine Strategie, sondern eine Haltung, die das Potenzial hat, Märkte zu erobern und Leben zu verändern.

Das letzte Wort

Am Ende ist Service keine Pflicht, sondern eine Chance. Eine Chance, Menschen zu begeistern. Eine Chance, Vertrauen zu schaffen. Eine Chance, aus Kunden Freunde zu machen. Unternehmen, die Service nicht als Nebensache, sondern als Herzstück ihres Handelns begreifen, werden nicht nur erfolgreich sein – sie werden relevant bleiben. Denn guter Service ist mehr als nur ein Werkzeug – er ist das, was ein Unternehmen unvergesslich macht.
